W9-BIH-294

NO TENGO TRABAJO
¿Qué puedo hacer?

Juan José Jurado

NO TENGO TRABAJO
¿Qué puedo hacer?

Mestas
e d i c i o n e s

© Juan José Jurado
© JORGE A. MESTAS EDICIONES, S.L.
Avda. de Guadalix, 103
28120 Algete - Madrid
Tel. 91 886 43 80
Fax: 91 886 47 19
E-mail: info@mestasediciones.com
www.edicionesmestas.com
⬛ http://www.facebook.com/MestasEdiciones
⬛ http://www.twitter.com/#!/MestasEdiciones

Director de colección: Juan José Jurado

Primera edición: *Julio, 2012*

ISBN: 978-84-92892-14-3
Depósito legal:M-28560-2012
Printed in Spain - Impreso en España

Reservados todos los derechos. Cualquier forma de reproducción, distribución, comunicación pública o transformación de esta obra sólo puede ser realizada con la autorización de sus titulares, salvo excepción prevista por la ley.
Diríjase a CEDRO (Centro Español de Derechos Repográficos - www.cedro.org), si necesita fotocopiar o escanear algún fragmento de esta obra

R06020 28296

A mi tía Pura,
enfermera abnegada, notable lectora
y siempre preocupada
por el bienestar de sus sobrinos

ÍNDICE

INTRODUCCIÓN

"Cada uno es artífice de su propia ventura"

Miguel de Cervantes

"El secreto de la felicidad no está en hacer lo que uno quiere sino en querer lo que uno hace"

James M. Barrie

Cuando la Editorial Mestas me ofreció escribir un libro sobre la búsqueda de empleo para su nueva colección *"El mundo en tus manos"*, me pareció una interesante propuesta. Interesante, pero no sencilla, ya que la falta de trabajo es uno de los problemas que, en la actualidad, más preocupan a millones de ciudadanos de todo el mundo.

Entiendo que cuando se quiere acometer una empresa como esta el primer problema surge al elegir a la persona que se encargue de llevarla a cabo. Quizá un economista, un abogado, un empresario o un orientador. Tal vez alguien que se encuentre sin trabajo y pueda explicar esa experiencia; aunque rápidamente podría pensarse que poco ha de aportar si ni él mismo sabe salir de esa situación. Entonces sería mejor confiar el proyecto a quién nunca le ha faltado un empleo para que aconseje cómo se hace; pero también sería fácil creer que poco tendrá que decir si nunca ha vivido esa realidad. Tampoco parece que el que alterna empleo – desempleo sea el más indicado ya que puede interpretarse que está en un círculo del que ni él mismo sabe salir. Quizá mejor el que estuvo y salió definitivamente; o el que está, vive honradamente y es feliz… o cualquiera de las otras múltiples variables que se pueden barajar.

Por lo tanto no parece claro quién debe ser o en que situación tiene que estar el que trate de resolver la pregunta del título de este libro: *"No tengo trabajo. ¿Qué puedo hacer?".* Seguro que todos y cada uno de los referidos pueden aportar ideas, experiencias o cuestiones de sumo interés para llegar al objetivo propuesto: el éxito de conseguir un trabajo.

De cualquier forma, lo escriba quien lo escriba, nunca faltarán los que, desde una postura derrotista, traten de justificar que su situación es peor que la que tienen o han tenido los demás, con frases como "no es lo mismo" o "eran otros tiempos". Pero a ellos es mejor no hacerles mucho caso pues poco nos pueden aportar, salvo conocer la manera de cómo no se debe actuar.

A menudo me preguntan qué hay que hacer para salir del desempleo. Siempre respondo lo mismo: "Algo". Pero algo razonable y útil. Asistiendo todas las tardes al cine o tumbándote al sol para broncearte es poco probable que encuentres el trabajo que deseas. Hay que buscar, empezando por encontrarte a sí mismo, seguir por decidir lo que se quiere y avanzar sabiendo por dónde y cómo buscarlo.

La sociedad del siglo XXI vive profundos y constantes cambios y con ello el mercado laboral y las necesidades profesionales evolucionan continuamente. De esta forma la demanda de trabajadores se vuelve cada vez más exigente, se buscan perfiles acordes con un contexto socio-cultural muy riguroso, con nuevos conocimientos, dotados de habilidades y destrezas, actitudes y valores.

Hallar el equilibrio entre los sueños y la realidad no es tarea fácil. La mitad de la población desea que le toque la lotería para dejar de trabajar; la otra mitad quiere encontrar un trabajo, lo que para ellos es lo mismo que tocarles la lotería.

Es indudable que las posibilidades de encontrar empleo no son siempre las mismas y hay momentos donde existen mayores dificultades. Pero aunque parezca una paradoja hay quienes creen que en las épocas de crisis la gente se exprime más la cabeza y aparecen las mejores y más originales ideas y por ello surge un mayor número de oportunidades.

Este libro no pretende ser un estudio pormenorizado sobre el empleo y el desempleo, sino un recurso eficaz para aquellas personas que se encuentran sin trabajo y verdaderamente quieren salir de esa situación. Su contenido quiere ser de utilidad a los que tienen dificultades con este tema, ya sea por su nueva inserción al mundo laboral (primer empleo o reincorporación tras su abandono o pérdida), por la inestabilidad de su puesto o por pretender cambiar o progresar en su empleo.

El lector interesado en conseguir trabajo encontrará en este libro información, ideas y experiencias que pueden serle de gran ayuda para estructurar los conocimientos que posee o los nuevos que adquiera, desarrollar habilidades sobre la búsqueda de empleo, favorecer la reflexión y la capacidad crítica. En definitiva, dotarle de recursos y abrirle los ojos para que pueda cumplir su sueño. El sueño de tener un trabajo, pero no a cualquier precio.

Para ello he recurrido a la ayuda de ilustres y grandes pensadores de la historia, a los que aprovecho para darles las gracias. Así, he incluido anécdotas y máximas que, a manera de ejemplo, ilustran las ideas que se exponen. Y es que ya lo dijo Goethe: *"Una colección de anécdotas y máximas es el mayor tesoro para el hombre de mundo que acierte a intercalar las primeras en su lugar debido, y a recordar las segundas en el caso oportuno."*

Además, no sólo las personas afectadas directamente pueden encontrar algo de interés en este libro, también las que, de alguna manera, rozan el problema de la falta de empleo (familiares, amigos, monitores, orientadores, empresarios, etc.) pueden descubrir esa información necesaria para poder ofrecer una ayuda eficiente al que lo necesite.

A veces, no se trata de hacer mucho más de lo que quizá estés haciendo, si no de hacerlo con eficacia. Sabemos lo que queremos, pero no sabemos cómo hacer para conseguirlo. Por ello trataremos de contribuir en el aprendizaje de conocimientos, la adquisición de habilidades, el desarrollo de actitudes y la aplicación correcta de todo lo que sabemos. Y es indudable donde pretendo hacer mayor hincapié, pues aunque la sociedad, los medios, la tecnología… cambie, hay cosas que nunca cambiarán: las actitudes positivas y los buenos valores, el tesón, el esfuerzo, la honestidad o la ilusión.

"Tu actitud, no tu aptitud, es la que determina tu altitud."

Zig Ziglar

Y es que con independencia de las medidas que las políticas de empleo ofrecen para favorecer a determinados sectores o colectivos, la intervención básica debe ser igual seas hombre o mujer, cualificado o sin cualificar, con experiencia o sin ella, trabajador para un puesto físico o sedentario, joven, mayor, inmigrante, discapacitado… La esencia a la hora de buscar un empleo es la misma para todos: querer, conocer, buscar, aceptar.

Pero nada de esto constituye una ciencia exacta, ni éste es un libro mágico que por el sólo hecho de comprarlo o que te lo regalen te haga obtener un trabajo. La magia la tienes que realizar tú con tus manos, tu ingenio y el sudor de tu frente. Eso sí, hay que leerlo con interés, tener confianza y realizar un pequeño esfuerzo de análisis y reflexión sobre las ideas o propuestas planteadas. A partir de ahí, tendrás que emprender acciones directas que te lleven a alcanzar el objetivo: conseguir un empleo.

"Cada lector se encuentra a sí mismo. El trabajo del escritor es simplemente una clase de instrumento óptico que permite al lector discernir sobre algo propio que, sin el libro, quizá nunca hubiese advertido."

Marcel Proust

CUESTIONES ACERCA DEL DESEMPLEO

Aclaración de términos

El diccionario de la Real Academia Española define *trabajo* como una "ocupación retribuida", y *paro* como la: "situación de quién se encuentra privado de trabajo". La palabra se identifica con *desempleo* ("paro forzoso") y con *desocupación* ("falta de ocupación, ocioso"), incluso, en muchos lugares de América ambos términos son sinónimos. Por lo tanto, básicamente se entiende que una persona está en paro cuando no tiene trabajo remunerado, no tiene empleo o no es un asalariado de nadie. Ahora bien, si estás buscando un empleo, puedes considerar que tienes una trascendental ocupación: encontrar un trabajo.

> *"Toda persona tiene derecho al trabajo, a la libre elección de su trabajo, a condiciones equitativas y satisfactorias y a la protección contra el desempleo." "Toda persona tiene derecho, sin discriminación alguna, a igual salario por trabajo igual."*
> Declaración Universal de Derechos Humanos (1948)

Sólo es susceptible de trabajar la *población activa*, esto es, el colectivo de mujeres y hombres que tienen empleo o lo buscan, con las edades precisas y buenas condiciones. Se consideran dentro de este grupo, los que realizan o pueden realizar un trabajo remunerado (no lo son, por ejemplo, estudiantes o los que se dedican a las tareas domésticas sin sueldo). Se denomina *población inactiva*, al colectivo que no tiene las condiciones adecuadas para trabajar: niños, ancianos o personas con incapacidad laboral no transitoria.

Población activa no es lo mismo que *población en edad laboral* o *población en edad económicamente activa*; esta es la que tiene capacidad legal para trabajar según la legislación vigente. Una legislación que presenta ciertas variaciones según países y épocas de la historia, como la edad de incorporarse al trabajo o la de jubilación.

Al grupo de *población activa* que trabaja y obtiene una remuneración (*sueldo* o *salario*) por su servicio se le llama *población ocupada*. Ésta ha conseguido un *empleo* mediante su incorporación al *mercado de trabajo* o *mercado laboral*. En él confluyen las *ofertas* y *demandas de empleo*, las cuales deben estar enmarcadas dentro del *derecho laboral* (convenios, contratos...) a fin de proteger a los trabajadores y garantizar su libertad.

Las consecuencias de que haya personas desempleadas, son siempre nefastas para el individuo y para los Estados. Se considera *parado de larga duración* al desempleado que demanda trabajo durante un determinado periodo de tiempo (por ejemplo, un año).

Antecedentes históricos

> *"La historia es el testimonio de los tiempos, luz de verdad, savia de la memoria, maestra de la vida, anunciadora de lo porvenir."* Cicerón (106 a.C. – 43 a.C.) Orador y filósofo latino.

Hasta el s. XIX el concepto de paro o desempleo, como lo conocemos hoy, no existía. Siglos atrás se desarrollaba una economía de subsistencia, las personas trabajaban el campo, la artesanía, la pesca... y los que no lo hacían eran mendigos, vagabundos holgazanes o enfermos, normalmente inadaptados sociales.

A finales del s. XIX y principios del XX se empieza a tener esa percepción del desempleado. Algunos países como Gran Bretaña, toman conciencia del problema de tener a parte de la población desocupada laboralmente y comienzan a estudiar esa situación a fin de resolverla.

La I Guerra Mundial hizo desaparecer el desempleo, ante la necesidad de hombres para el frente o para ayudar a la población. Tras el periodo de contienda, la situación cambió y la desocupación laboral se agudizó considerablemente. Las recesiones de los años veinte en el mundo occidental, condujeron al Crac de 1929 y a la Gran Depresión mundial, con el cierre de fábricas y la caída de multitud de economías nacionales que provocaron un fuerte incremento de gente sin trabajo.

La II Guerra Mundial produjo un nuevo crecimiento de la ocupación de la población y a su término, muchos países desarrollaron un auge económico y la consecuente disminución del desempleo.

La falta de trabajo siempre ha mantenido una estrecha relación con los movimientos migratorios. En distintos momentos de la historia, ante la escasez o precariedad laboral, muchas personas optaron por emigrar a otros lugares con mayores perspectivas y oportunidades, tratando de encontrar un futuro mejor.

En 1960 se funda la *Organización de Cooperación y Desarrollo Económico* (OCDE), con sede en París, integrada en la actualidad por más de treinta países. Uno de sus objetivos es el de expandir la economía y el empleo entre los países que la integran, contribuyendo al desarrollo mundial. Según este organismo el problema del desempleo que sufrimos hoy día, data de mediados de la década de los sesenta. Crisis vividas en épocas pasadas a nivel internacional, como la energética, la del petróleo o la de la construcción, llevaron al despido de muchos trabajadores. Una situación que se hizo más complicada con la incorporación al mundo laboral de la mujer y la modernización y mecanización de muchos trabajos que necesitaban menos mano de obra.

La actual crisis del s. XXI ha conducido al cierre de muchas empresas y a un aumento del desempleo. Incluso en algunos países se ha planteado reducir el número de funcionarios de la Administración, quienes, desde siempre, se pensaba tenían un puesto asegurado.

Tipos de empleo y desempleo

Un empleado es una persona que trabaja a cambio de una remuneración económica, material o emocional. Básicamente podemos hablar de tres tipos de estados en el empleo:

• Los que trabajan para otros, por cuenta ajena.

• Los que trabajan para ellos mismos, por cuenta propia.

• Los que no trabajan voluntariamente u obligados por la situación (estudios, años sabáticos, cuidado de un familiar, desempleados...)

> *"Algo malo debe tener el trabajo, o los ricos ya lo habrían acaparado."* Mario Moreno "Cantinflas" (1911-1993). Actor mexicano.

Según los tipos de desempleo se puede distinguir:

• *Desempleo estructural*: cuando se produce un desajuste entre la oferta y la demanda de los trabajadores en un ciclo determinado.

- *Desempleo friccional:* aún existiendo igual número de puestos que de trabajadores, se da cuando éstos dejan su empleo buscando una mejora en sus condiciones o salario. Se produce temporalmente y no genera un gran perjuicio para la economía.

- *Desempleo estacional:* el que aumenta o disminuye según las estaciones del año en función de la oferta-demanda. Frecuente en sectores como el turismo o la agricultura.

- *Desempleo abierto:* los que no tienen trabajo y lo buscan activa y recientemente. Están dispuestos y disponibles a empezar de inmediato.

- *Desempleo en indicadores:* personas disponibles para incorporarse pero que no trabajan ni buscan por estar a la espera de una respuesta a una gestión anterior.

- *Desempleado oculto entre los inactivos* o *trabajadores desalentados:* personas sin empleo dispuestas a trabajar pero cansados de buscar y no encontrar. No creen logar uno o desconocen como hacer para encontrarlo.

Consecuencias negativas

Tanto para el individuo que lo sufre, como para la sociedad, las consecuencias del problema del desempleo presenta dos vertientes: económica y social.

Económica, por lo que supone tener una población apta para el trabajo y que su producción sea nula. Además, las ayudas sociales generan un gasto importante para los países que las llevan a cabo.

Social, ya que la situación de los desempleados, sin ingresos económicos, genera una realidad conflictiva. Los Estados deben entregarse a su mejoría, rechazando ideas como las de quienes consideran que un parado es una lacra para la sociedad. Los efectos negativos del paro pueden afectar a las relaciones familiares o del entorno y causar sobre el propio individuo serios problemas de salud: depresión, baja autoestima, alteración de las emociones... También una prolongada situación sin trabajo puede derivar en un aumento de la pobreza, incidiendo en la salud: mala alimentación y falta de un buen servicio sanitario (atención médica y medicinas).

> *"Si no necesitas trabajar para comer, necesitarás trabajar para tener salud. Ama el trabajo y no dejes que nazca la mala hierba de la ociosidad".* William Penn (1644-1718) Religioso británico.

Hay que destacar el incremento de suicidios cuando los índices de desempleo son altos, afectando a quienes viven muy negativamente su realidad y no saben como actuar para salir de ella.

Debes tener claro que estar sin trabajo no te hace mejor ni peor, sólo es el reflejo de algo que te ocurre en una situación o momento puntual de tu vida.

Tasa de desempleo

La falta de trabajo, el paro, es una de las cuestiones que más interesa a los países por su trascendencia económica. Para poder ser valorado objetivamente se estudia periódicamente la *tasa de desempleo*. Se trata de un indicador que se obtiene mensualmente mediante una investigación llevada a cabo en distintos hogares y que se conoce como *encuesta de población activa*. Ésta presenta preguntas sobre la reciente historia laboral de la familia encuestada y clasifica a la población (de más de dieciséis años) de la forma siguiente:

- *Ocupados*: Personas que tienen trabajo remunerado, aunque presenten una situación transitoria de baja por enfermedad, huelga, vacaciones u otras.

- *Desempleados*: Los que no están ocupados y no tienen empleo, pero han tratado de conseguir uno en las últimas cuatro semanas. Las personas de este grupo deben evidenciar su intención y esfuerzo.

- *Inactivos*: Población adulta que no trabaja de forma remunerada por realizar voluntariamente otras tareas o por no estar en condiciones, como estudiantes, jubilados, enfermos, dedicados al hogar o personas que por diversos motivos no buscan empleo.

- *Población activa*: Este colectivo integra a las personas de los dos grupos primeros.

La *tasa de desempleo* se presenta en forma de porcentaje, calculando el número de desempleados dividido por la población activa, dando una proporción llamada población "económicamente activa".

> *"La recompensa del trabajo bien hecho es la oportunidad de hacer más trabajo bien hecho".* Jonas Edgard Salk (1914-1995) Médico estadounidense.

Políticas de empleo

Es evidente la preocupación que tienen todos los países por el empleo y la falta del mismo, si bien, dada la complejidad del tema, la forma en que los Estados lo abordan puede presentar bastantes diferencias.

Se entiende por *políticas de empleo* las medidas que impulsan los poderes públicos para facilitar trabajo a la población activa y apoyar socialmente a quienes no lo consiguen, garantizándoles seguridad y asistencia.

> *"El trabajo es un título natural para la propiedad del fruto del mismo, y la legislación que no respete este principio es intrínsecamente injusta."* Jaime Balmes (1810-1848). Filósofo español.

Desde finales del s. XIX, muchos gobiernos preocupados por la problemática laboral, promulgaron leyes con la intención de regular los mercados de trabajo y proteger a los trabajadores, estableciendo una serie de normas enmarcadas en lo que se denomina *derecho laboral*.

Con el fin de disminuir el desempleo, algunos gobiernos tratan de ofrecer una política fiscal orientada a promover la oferta y la demanda. Así, por ejemplo, en ocasiones se ofrecen ciertas ventajas a las empresas que contraten determinados trabajadores. Estas medidas intentan facilitar la integración en el mundo laboral de grupos sociales que presentan dificultades para encontrar empleo: parados de larga duración, mujeres, trabajadores poco cualificados, pertenecientes a determinados tramos de edad, discapacitados, etc.

Entre las medidas más interesantes y controvertidas se encuentra el sistema de *prestaciones por desempleo*. Se trata de unas ayudas (económicas o de otro tipo) con evidentes ventajas e inconvenientes:

Ventajas:

• Se garantiza a la población el cubrir unas necesidades básicas (alimentación, educación, salud, vivienda…)

• Con un soporte económico, el desempleado dispone de más tiempo para encontrar un empleo.

- El desempleado tiene más facilidad para formarse, lo que aumenta sus posibilidades de conseguir un trabajo.

Inconvenientes:

- Si un desempleado de larga duración no tiene éxito en su búsqueda, puede desanimarse y aceptar esa situación sabiendo que tiene cubiertas sus necesidades.

- Puede haber desempleados que prolonguen su situación para buscar un mejor empleo o para aprovecharla como tiempo de "descanso remunerado".

- Hay estudios que afirman que el pago de estas ayudas desincentiva la búsqueda de empleo, sobre todo si se dan de forma incondicional o se dilatan en el tiempo.

- La dificultad de conseguir un trabajo es directamente proporcional al tiempo desempleado recibiendo ayuda (a más tiempo, más difícil).

- Cuando son muchos los que reciben auxilio, disminuye la presión de los desempleados para reformar un insuficiente mercado laboral.

- Personas próximas a la jubilación anticipada (a veces incentivada) pueden perder el interés por formarse, bajando el nivel de profesionalización. Las empresas se quedan sin los trabajadores más experimentados.

La crisis del siglo XXI y el desempleo

La crisis mundial del s. XXI, con los elevados precios de las materias primas y de los alimentos, el despilfarro de dirigentes y gobernantes, la especulación bursátil y la falta de créditos bancarios ha llevado a muchos países, especialmente los industrializados, a un elevado número de desempleados. Muchas empresas se han visto afectadas y han tenido que recortar sus plantillas de personal o cerrar. Algún sector ha quedado seriamente dañado. En España, por ejemplo, la crisis de la construcción ha llevando al paro a trabajadores de todos los campos, desde obreros a arquitectos; y a los de sectores paralelos (minería, industria...)

"Las grandes crisis producen grandes hombres." John F. Kennedy (1917-1963). Político y presidente de EE.UU.

Según la Organización Internacional del Trabajo (OIT), el mercado laboral está alcanzado el nivel más alto de la historia de desempleados, superando los 200 millones. Eso sin contar los más de 500 millones de personas que tienen un empleo temporal o muy inestable. Esta situación es muy diferente de unos países a otros donde Qatar, Guatemala o Suiza tienen tasas por debajo del 5% de desempleo, frente a otros que superan el 50% como Zimbawe o Haití, pasando por los que están en torno al 20% entre los que, además de España, se encuentran otros como Serbia o Sudáfrica.

Algunos grupos sociales se han visto especialmente afectados. El desempleo juvenil, que en algunos países ronda el 40%, ha llevado incluso a serias revueltas ciudadanas, como las de Grecia.

Fases psicológicas del desempleado

Cada persona vive su situación de desempleo de forma muy distinta, pero es normal que todos atraviesen, con más o menos claridad, una o varias fases:

- *Conmoción*: Dura la primera semana, aproximadamente. El recién desempleado se encuentra confundido, desorientado y perplejo. Puede sentirse escéptico, fracasado y temer por su futuro.

* *Aparente recuperación*: Puede durar varias semanas. El parado acepta su situación, incluso con cierto optimismo; piensa que será algo puntual que le servirá para arreglar asuntos pendientes o descansar.

* *Reacción*: Fase de varios meses. El afectado reacciona y busca más activamente; puede barajar posibilidades antes impensables (ciertos trabajos o autoempleo). Aparece el pesimismo. El apoyo social y familiar es fundamental para favorecer una actitud positiva; cuanto más apoyo, más probabilidad de seguir confiando en las propias posibilidades y en el futuro.

* *Fracaso*: Puede durar un tiempo impredecible, semanas, meses e incluso años. El parado comprueba la imposibilidad de encontrar un trabajo y se siente fracasado. Experimenta un cambio anímico y trastornos psicosomáticos como pesimismo, ansiedad, irritación, depresión o alteración del sueño.

* *Conformismo*: Dura hasta que consigue un trabajo. El desempleado ve mal su futuro y se conforma y acepta su situación, por lo que su actividad de búsqueda es nula. Se produce esa idea errónea de pensar que fracasar laboralmente es igual que fracasar como persona.

> *"Si todo el año fuese fiesta, divertirse sería más aburrido que trabajar."* William Shakespeare (1564-1616) Escritor británico.

Psicopatología del desempleado

La falta de trabajo afecta tanto al desempleado como a su entorno social. El no trabajar tiene unos efectos, tanto objetivos como subjetivos, sobre el individuo, quien suele vivir todo lo que le sucede desde su punto de vista. Por ello hay que reflexionar sobre ambos efectos tratando de llegar al equilibrio que permita permanecer en una consciente realidad.

Efectos subjetivos del trabajo para las personas:

• Percepción de seguridad y garantía para el futuro.

• Sensación de sentirse útil.

• Identificación con otros trabajadores que se encuentran en igual situación.

> *"Mira si será malo el trabajo, que deben pagarte para que lo hagas."* F. Cabral (1937-2011) Cantautor argentino.

Efectos objetivos del trabajo para las personas:

• Remuneración económica y solvencia para cubrir las necesidades básicas y si es posible otras extraordinarias.

• Una forma de relacionarse con otras personas, lo que favorece la integración social y la pertenencia a un grupo.

• Reconocimiento social del trabajador por la función que desempeña en la sociedad.

• Contribuye al desarrollo madurativo y al crecimiento personal del trabajador.

POR DÓNDE EMPEZAR

¿Por dónde empezar? Está claro, *por empezar* o lo que es lo mismo, *por hacer algo*. No vale decir: "no sé que hacer" o "no sé qué quiero", y quedarse tan pancho sin hacer nada. Si pretendes conseguir el objetivo fijado de encontrar un empleo, tienes que poner manos a la obra.

Saber lo que quiero

> *"El que no sabe lo que quiere ni se molesta en averiguarlo. Imita los quereres de sus vecinos o les lleva la contraria porque sí, todo lo que hace está dictado por la opinión mayoritaria de los que lo rodean: es conformista sin reflexión o rebelde sin causa."* F. Savater (1947-). Filósofo español.

Si partimos del título del libro *"No tengo trabajo. ¿Qué puedo hacer?"* y tratamos de dar respuesta a la pregunta, se podría contestar: "depende de lo que quieras". Y es que lo que los desempleados quieren no es siempre lo mismo.

Algunos sueñan con un empleo, sea el que sea. Desean obtener un salario para poder cubrir sus necesidades personales o las de su familia.

Otros anhelan encontrar un trabajo, pero sólo el que ellos quieren, relacionado con sus estudios, gustos o aficiones. Se pueden permitir seleccionar por tener un respaldo económico o las necesidades básicas cubiertas.

Incluso los hay que aparentemente buscan, pero en el fondo no quieren encontrar nada por motivos diversos, como seguir cobrando algún tipo de ayuda social o sencillamente por vagancia o inadaptación social.

De alguna manera, saber lo que se quiere es establecer objetivos y fijar prioridades. Debes definir el tipo de trabajo que deseas realizar y al que quieres optar, teniendo claro a que estás dispuesto para conseguirlo y a que no. El mercado laboral está en continuo cambio y cuanto antes sepas lo que quieres mejor. Si no te decides sobre lo que prefieres, puedes terminar en aquello que sabes realmente que no te interesa.

"Si seguimos haciendo lo que estamos haciendo, seguiremos consiguiendo lo que estamos consiguiendo." Stephen Covey (1932 -). Escritor norteamericano.

Trata de definir cuestiones que te ayudarán a decidir sobre lo que quieres: propósitos, donde te gustaría trabajar, cuanto pretendes ganar… Posiciónate sobre trabajos que no deseas realizar, bien por cuestiones éticas o físicas. Repasa tu realidad actual, tu contexto. Puntualiza opciones que crees que puedes tener. Escribe estas reflexiones, anotando las dificultades y problemas que piensas que tienes para conseguir un trabajo, las cosas que precisas para lograrlo, o todo aquello que crees necesitar para tener seguridad sobre lo que quieres.

Es muy importante tener conciencia y medir bien la distancia entre:

- Lo que quiero y lo que puedo.

- Lo que quiero y lo que debo.

- Lo que quiero y lo que me permiten.

> *"El que no pueda lo que quiera, que quiera lo que pueda."*
> J. Ortega y Gasset (1883-1955). Filósofo español.

La facilidad para desarrollar un trabajo está relacionada con la capacidad, cualificación e ilusión que se tiene. Y eso es algo que debemos tener siempre presente, ya que es algo que siempre tienen presente los empresarios y equipos de selección de personal.

Conseguir un empleo que te guste, te permitirá ir más motivado, contento y feliz al trabajo, ingredientes muy positivos para el trabajador, para el que lo contrata y para toda la sociedad que se beneficia de sus servicios. Pero pocas personas pueden decir que tienen un trabajo perfecto; eso es algo difícil de conseguir o de mantener toda la vida. A pesar de ello, ese debe ser siempre tu objetivo, al menos acercándote a lo que más deseas.

> *"Mi padre siempre me decía: encuentra un trabajo que te guste y no tendrás que trabajar un solo día de tu vida."*
> Jim Fox (1939-) Actor británico.

De cualquier forma, el concepto de trabajo ideal o perfecto es algo muy subjetivo y difiere mucho según las personas, donde cada cual prioriza los diferentes factores según sus posibilidades: vocación, formación, horario, cercanía, actividad… Ahora bien, encontrar ese trabajo ideal depende en gran medida de ti. Hay personas a las que casi todo les gusta y aceptan con agrado las propuestas y otras a las que les pasa lo contrario. Trata de encontrar lo positivo que tiene cada empleo y de relativizar aquello que no te gusta. Procura tener una actitud positiva y abierta, ya que según como aceptes y vivas ese trabajo, todo te parecerá mejor o peor. Esa buena disposición te permitirá ser el mejor candidato para el puesto al que optas, algo que, si los que lo ofertan son conscientes, puede llevarte a conseguir el trabajo.

> *"El que no sabe lo que quiere es porque no quiere nada. No hay gente que no sabe lo que quiere, sólo hay gente que no sabe querer."* William James (1842-1910). Filósofo y psicólogo estadounidense.

Por lo tanto, debes decidirte por aquello que quieres, pero piensa que cuantas más cosas quieras para trabajar, cuantas más cosas te gusten, más opciones tendrás de conseguir un empleo.

Libertad personal

La libertad nos permite elegir, sin presión ni coerción, entre las opciones que se nos presentan o que generamos, movidos por nuestra voluntad y motivación y con ayuda de la razón. Todo ser humano debe tener la posibilidad de elegir y decidir sobre su destino.

Debes tomar consciencia de que eres una persona libre, con capacidad moral y legal para tomar decisiones según tus intereses. Tú y sólo tú eres quien decides aceptar o no un trabajo, sin presiones de ningún tipo y en función de lo que hagas obrar en consecuencia y cumplir con el compromiso que adquieras.

> *"Solo hay dignidad en el trabajo cuando se acepta libremente."* Albert Camus (1913-1960). Escritor francés.

Ahora bien, también debes ser juicioso y saber que cualquier decisión que elijas tiene unas consecuencias para ti y, de forma más o menos directa, para todos los que te rodean (familiares, amigos...) Pensar en los demás no debe verse como una merma de nuestra libertad, sino como una muestra de generosidad y tolerancia.

> *"Al querer la libertad descubrimos que ella depende enteramente de la libertad de los demás."* J. P. Sastre (1905-1980). Filósofo y escritor francés.

Por lo tanto, tendrás siempre que valorar y buscar un equilibrio entre tus intereses personales y lo que otros quieren o a otros puede afectar, tratando de alcanzar tus objetivos sin molestar o perjudicar a los demás. De poco sirve que luches por un trabajo en otra ciudad si tu familia no quiere cambiar de residencia, si tus padres mayores se quedan solos o si te distancias de tus buenos amigos.

> *"Porque ser libre no es solamente desamarrarse las propias cadenas, sino vivir en una forma que respete y mejore la libertad de los demás."* Nelson Mandela (1918 -). Abogado y político de Sudáfrica.

Tener siempre una ocupación

El tiempo es uno de los mayores tesoros que podemos poseer. Una persona sin empleo dispone de mucho. Si lo perdemos no podremos recuperarlo y dejaremos escapar una gran oportunidad. El tiempo es una inversión, cuantas veces hemos oído: "voy a invertir mi tiempo en..." Como en cualquier inversión, cuanto más inviertas, más posibilidades tendrás de obtener beneficios. Cuando no se tiene trabajo, es importante dedicar tu tiempo a tareas que puedan redundar en el objetivo que deseas: tener un empleo.

"Tener tiempo es la posesión del bien más preciado por quien aspira a grandes cosas." Plutarco. Ensayista griego.

Mantenerte atareado en algún asunto contribuye a no estar pensando en aquello que no deseas. Estar ocupado ayuda a evadirte temporalmente de las preocupaciones, algo necesario en algunos momentos.

La ociosidad es el vicio de no trabajar, perder el tiempo o malgastarlo inútilmente. A veces, cuando una persona está sin trabajar o sin hacer algo de provecho, decimos que está ociosa. Al estar desempleados debemos evitar a toda costa estar ociosos para no caer en las consecuencias negativas de la inactividad.

"Una vida ociosa es una muerte anticipada." Johann Wolfgang Goethe (1749-1832). Escritor alemán.

Lo peor es no hacer nada por creer que no hay nada que hacer o no saber como hacerlo. O esperar a que ocurra algo, a que se cumpla un deseo, una llamada, un… ¿Y si eso que esperamos no llega? Es posible que surja el desánimo, la desesperación o la depresión.

La búsqueda de trabajo ha de ser el trabajo principal para el desempleado. Debes establecer un horario y una rutina diaria que tienes que cumplir escrupulosamente sin fallar un solo día.

Además de las tareas principales, directamente relacionadas con el objetivo deseado, también debes hacer otras cosas como parte de ese trabajo y obligación. Cosas que sabemos positivamente que redundan en esa búsqueda de empleo: visitar a antiguas amigos, elaborar una página web personal, leer libros para ampliar tus conocimientos, formarte en determinadas materias (idiomas, informática, mejorar la lectura…), colaborar como voluntario con una ONG, etc.

> *"En la vida lo importante no es lo que te ocurre, sino cómo te enfrentas a lo que te ocurre."* Joan Manuel Serrat (1943-). Cantautor español.

El primer trabajo de tu trabajo es preparar tu proyecto. Un plan donde debes tener en cuenta todo lo expuesto hasta el momento y todo lo que se expondrá a partir de ahora. Organiza y establece como tareas diarias:

• Leer y estudiar una o dos horas.

• Abrir el correo electrónico y contestar los mensajes.

• Buscar ofertas de empleo (periódicos, Internet).

• Ofertarte como trabajador.

• Revisar los lugares donde te ofreciste.

- Releer tu documentación: currículum vitae, anuncios, tarjetas-visita... Si es necesario, cambia para mejorar.

- Prepara material para enseñar a otras personas, sólo o con ayuda: video, artículo, blog, fotos...

- Asiste a cursos, conferencias, seminarios... incluso, si tienes posibilidad, presenta alguna ponencia.

- Participa en foros de Internet.

- Colabora con alguna asociación u ONG, eso te dará experiencia y te ayudará a introducirte; sin olvidar que con tu trabajo estás contribuyendo a mejorar un problema social. Incluso, puedes crear tu una propia.

- Queda con otras personas. Es bueno que algunas estén en una situación similar a la tuya.

- Estudia las posibilidades de crear tu propio negocio, sólo o con allegados de tu confianza.

> *"Los planes sólo son buenas intenciones si no degeneran inmediatamente en trabajo duro."* Peter Drucker (1909-2005). Abogado y periodista austriaco.

También es interesante y necesario dedicarse a otras ocupaciones y actividades. Es muy importante estar físicamente e intelectualmente bien. Cuida tu salud, realiza ejercicio moderado, come adecuadamente, descansa, relájate. Ocupa parte de tu tiempo en meditar y pensar. Todo ello tendrá unas consecuencias positivas ya que, al dedicar unas horas a la evasión y el esparcimiento, estarás más preparado y en mejores condiciones para entregarte con mayor alegría y optimismo a la búsqueda de empleo.

Reflexionar y meditar

Si queréis tener una opinión o juicio claro sobre cualquier asunto relacionado con la búsqueda de empleo, es preciso pensar y reflexionar. A través de la meditación podréis considerar y examinar cualquier tema pendiente, discurriendo la forma de conocerlo mejor a fin de conseguir lo pretendido y lograr el éxito buscado.

> *"La reflexión tranquila y calmada desenreda todos los nudos."* Harold Macmillan (1894-1986) Político británico.

Para reflexionar hay que tener en cuenta una serie de importantes factores. Es necesario establecer un tiempo de dedicación diario para ello, que puede ser variable, pero nunca inferior a 10 o 15 minutos, y siendo mucho mayor en función del asunto que se tenga entre manos. Es conveniente ser regular, no se puede dedicar mucho unos días y otros nada. El trabajo de reflexión y meditación debe ser constante y continuo.

Piensa sobre tu futuro profesional y todas las cosas que pueden depender de él: sobre tu personalidad, gustos, disponibilidad, valores, capacidades, tipos de trabajos, empresas, formación, tiempos, etc. Plantéate preguntas por escrito y contéstalas con sinceridad.

> *"Tengo seis honestos sirvientes / (ellos me enseñaron todo lo que sé); / sus nombres son: Qué; Por qué; y Cuándo; / Cómo; Dónde y Quién."* Rudyard Kipling (1865-1936). Escritor británico.

El tiempo ha de ser exclusivo para este fin. Sin asuntos que te distraigan. No sirve meditar o reflexionar mientras haces otras cosas (como planchar o ver la tele).

Es bueno que encuentres un lugar adecuado para esta parte de tu trabajo, un rincón donde te sientas aislado, cómodo y lo más relajado posible.

Información y ayuda

Para avanzar, utiliza todos los medios que tengas a tu alcance, tanto los materiales como los humanos.

Ante cualquier problema, cuanta más información manejes, más facilidad tendrás para resolverlo. En el tema que te preocupa tendrás que tratar de conocer el mayor número de alternativas y cosas con las que se relaciona, a fin de estar lo más preparado posible, tener más opciones y más probabilidad de adoptar la mejor y más acertada decisión. Estar bien informado es cuestión de responsabilidad.

Existen numerosos artículos, libros, páginas web o blogs que te pueden ayudar dándote la información que precisas. Visita las bibliotecas, son lugares estupendos.

Esta información puede ser muy variada, como recursos diversos o herramientas con ideas para mejorar el currículum vitae, preparar una entrevista o escribir una carta de presentación. Abundan más las cuestiones técnicas que las que atañen a temas de actitud.

"El tener información, tener criterio, es ser más libre."
Carmen Alborch (1947-). Política española.

No suele ser frecuente recurrir a una ayuda externa a la hora de buscar un empleo. Es como si todo el mundo supiese lo que hay que hacer, algo que no siempre es cierto. La ayuda o el asesoramiento de profesionales especializados, puede ser muy útil, facilitándote pautas de qué y cómo hacer las cosas para conseguir el empleo que deseas.

"Lo principal es reconocer que necesitamos ayuda, una vez hecho esto, la solución está a nuestro alcance." Jorge González Moore. Escritor colombiano.

Existen muchas posibilidades de encontrar la ayuda profesional que necesitas: psicólogos y psicopedagogos, asesores de empleo, headhunters ("cazadores de talentos")… También los cursos y másters son una buena forma de recibir formación y asesoramiento de especialistas, aunque en este caso menos personalizado. Trata de encontrar el recurso que mejor se adapte a tus posibilidades; de pago o gratuito (asociaciones, colegios profesionales, en Internet…)

Sé realista, no pienses que lo sabes todo o que eres capaz de salir del bache solo. No debe darte vergüenza o sentirte torpe o inferior por pedir ayuda a otros. Busca información y colaboración, sin complejos. Recuerda que la pobreza no es sólo carecer de dinero, casa o comida; también es no saber cómo resolver tus propios asuntos y no contar con nadie para que te ayude.

"Ningún hombre es capaz de atender a sus necesidades sin la ayuda de la sociedad." Thomas Paine (1737-1809). Político e intelectual estadounidense.

Empleabilidad y ocupabilidad

El termino empleabilidad se está utilizando en los últimos años para justificar razones de empleo o desempleo de un profesional, teniendo en cuenta sus actitudes (la forma de comportarse ante determinados hechos o situaciones) y sus aptitudes (cualidades profesionales y personales, formación y experiencia), además de su capacidad para adaptarse a un mercado de trabajo en continuo proceso de cambio, reciclándose y poniendo al día sus conocimientos y habilidades.

Se buscan trabajadores flexibles, en sintonía con las empresas que también lo son en cuanto a la organización de su trabajo, que pongan en relación sus capacidades con las demandas laborales del momento.

> *"Soy un hombre de principios fijos e inflexibles, el primero de ellos es ser flexible en todo momento."* Everett Dirksen (1896-1969) Político estadounidense.

Para mantener sus opciones en un mercado de trabajo competitivo, toda persona que busca empleo debe cuidar su empleabilidad, tratando de conocerse, formándose, sabiendo adaptarse a las circunstancias y ofreciéndose adecuadamente.

Existen seis factores que interactúan con la empleabilidad: salud (mental y física), ajuste vocacional, competencia profesional, idoneidad, recursos alternativos y relaciones interpersonales. Para conocer vuestra capacidad de empleabilidad, debéis estudiar cómo os encontráis en relación a cada uno de esos aspectos. Si queréis ir más allá y mejorar la empleabilidad, tendréis que trabajar todos esos factores.

Algo que valoran mucho los equipos de selección de personal y las empresas es la movilidad profesional, ya que no todo el mundo está dispuesto a cambiar de residencia. Aceptar una propuesta de este tipo puede ser muy bueno para el trabajador, ya que adquiere una interesante experiencia personal y profesional.

Para el desarrollo de la empleabilidad hay que poner en relación las posibilidades profesionales con la demanda de los empleadores, de acuerdo con el contexto. Cuantas más capacidades tiene una persona y más adaptable es, mayores posibilidades tendrá de lograr un puesto de trabajo, esto es, mayor es su empleabilidad.

> *"Quién pretenda una felicidad y sabiduría constante, deberá adaptarse a frecuentes cambios."* Confucio.

Relacionada con la empleabilidad está lo que se ha dado a conocer como *transversalidad* o *policompetencia*, esto es, la capacidad de una persona para desempeñar trabajos en oficios o sectores distintos. No es lo mismo que *polivalencia*, referido a la capacidad de trabajar en tareas diversas dentro de un mismo oficio.

En ocasiones el término ocupabilidad es usado como sinónimo de empleabilidad, aunque más bien se trata de un contenido o parte de él. La ocupabilidad se refiere al conjunto de recursos (conocimientos, destrezas y actitudes) con relación al desempeño productivo de un puesto de trabajo.

Entre los factores psicosociales de la ocupabilidad que precisas conocer y mejorar al estar presente en tu búsqueda de empleo e inserción laboral, se encuentran: el conocerse a sí mismo (autoestima y autoconcepto), la adaptabilidad al mercado laboral, la valoración del trabajo y del paro, o las herramientas para la búsqueda de empleo.

El mercado laboral

Una necesidad vital en la búsqueda de empleo es el profundo conocimiento del mercado laboral, entendiendo éste como la interacción de oportunidades de empleo con el conjunto de personas dispuestas a trabajar, esto es, el ajuste entre la oferta y la demanda. El equilibro entre ambas variables, así como su desconocimiento, incide en el mundo laboral. Si no conoces cual es la situación actual y la tendencia hacia el futuro del mercado del trabajo (profesiones más demandadas, trabajos con mayor desempleo, formas de acceso, ofertas, etc.), tendrás serias dificultades para saber donde buscar.

Lograr un empleo depende en gran parte de la personalidad, experiencia y formación personal, pero también de cómo se encuentre el mercado laboral en un preciso momento. Una situación que es cambiante y no siempre fácil de saber para predecir su futuro.

Sea cual sea el tipo de convocatoria a la que te presentes (bolsas de trabajo, convocatorias de la administración, anuncios de prensa, etc.), hay que ser consciente de la gran competencia existente. A cualquier demanda acuden numerosas personas, ello no debe hacerte desistir, pero sí valorarlo para saber el grado de implicación y esfuerzo que tienes que realizar.

> *"El enojo, el orgullo y la competencia son nuestros verdaderos enemigos."* Dalái Lama (1935 –). Líder espiritual tibetano. Premio Nóbel de la Paz 1989.

Conocer bien el mercado laboral y su tendencia te hace contar con mayores posibilidades de éxito. Para ello, debes consultar en libros, guías, revistas, periódicos o Internet, organismos oficiales, empresas de trabajo temporal, sindicatos, asociaciones, bolsas de trabajo, etc.

Nuevas formas de actividad laboral se implantan periódicamente, derivadas de las necesidades, sociales, empresariales, tecnológicas… En los últimos años han aparecido numerosos ejemplos: entorno multimedia (programadores, TIC, diseñadores…), ocio y turismo (gestores, monitores, guías…), medio ambiente (residuos, protección…), servicios sociales (asistentes de personas de la tercera edad, discapacitados…), inmigración (traductores, mediadores...), etc. Hay que estar al corriente de cuales son, en el momento puntual de tu búsqueda, las profesiones más demandadas y apostar por las que más te interesen y en las que puedas ofrecer algo.

"Nunca andes por el camino trazado… pues él te conduce únicamente hacia donde fueron otros." Graham Bell (1847-1922). Inventor escocés.

Otras de las cuestiones a tener en cuenta es la forma en la que se produce la contratación de los trabajadores. Un contrato es un acuerdo entre el trabajador o contratado y el empresario o persona contratante, para que el primero preste determinados servicios al segundo bajo su mando, a cambio de una contraprestación, un salario o una retribución. Tener un contrato conforme a la normativa y legislación vigente del país donde se firma, es algo fundamental. En él se tiene que especificar diferentes puntos como: periodos de prueba, duración, forma de rescindirlo, derechos y deberes… Se pueden añadir más puntos siempre que ambas partes estén de acuerdo y se respete la normativa.

En ocasiones se encuentran trabajos que no presentan garantías al no tener un contrato de por medio o uno que no recoge adecuadamente todo lo pactado. Por muy atractiva que sea la oferta bien económica o de otra índole, las consecuencias de aceptar algo así pueden ser fatales. Decir que sí a una oferta en estas condiciones favorece una *economía sumergida* que precariza el trabajo y daña a los ciudadanos y al mercado laboral.

Sin contrato se elimina cualquier tipo de derecho laboral en grave perjuicio del trabajador. En la época en la que vivimos algunas personas (contratantes y contratadas) tratan de aprovecharse de esta anomalía creyendo que, saltándose las cuestiones jurídicas, tendrán ciertos beneficios, sin pensar en los efectos adversos.

> *"Un contrato verbal no vale ni el papel en que se escribe."*
> Samuel Goldwyn (1879-1974). Productor de cine estadounidense.

Existen diversas modalidades de contrato, que debes conocer y valorar: fijos, indefinidos, temporales bonificados, formativos, para discapacitados, por obra y servicio, de investigación, con duración determinada…

Antes de firmar un contrato hay que informarse sobre cómo debe realizarse una contratación. También hay que leerlo bien, entendiendo todos sus puntos.

Es muy importante estar correctamente informado sobre los derechos del trabajador y el contrato que firmas, pero también conocer, aceptar y asumir los deberes y obligaciones que ello conlleva.

Escribir. "Cuaderno de trabajo"

Si no fuera por la escritura, la historia del hombre no existiría. Escribir es una labor que tiene múltiples beneficios para todas las personas, pero especialmente para el buscador de empleo. Dejar constancia por escrito de todo lo relacionado con el mundo laboral puede ser una gran ayuda.

> *"Quidquid nitet, notandum"* (Todo lo que brilla, hay que anotarlo). Dicho latino.

Empieza por preparar lo que podríamos llamar "cuaderno de trabajo" (u otro nombre que desees). Puede ser de cualquier forma que te resulte cómodo, bien sea empleando las nuevas tecnologías (ordenador, tablet...) o la manera tradicional, con "papel y lápiz". Procura que no te pase como en esa absurda ley de Murphy: *"Si tienes papel, no tendrás lápiz; si tienes lápiz, te faltará papel; y si tienes papel y lápiz, no tendrás nada que escribir."*

El "cuaderno de trabajo" debe ser un documento personal y exclusivo, donde podrás escribir tanto cuestiones informativas sobre el empleo, como las actuaciones que vas a realizar o las que ya has efectuado. También reflexiones personales sobre ti mismo (intereses, capacidades que crees tener, sentimientos, etc.). Todo debe quedar reflejado, por muy insignificante que te parezca: preguntas, respuestas, fechas, ideas, proyectos, teléfonos, citas, propuestas, direcciones, contactos... Pueden ser textos pensados y meditados o notas a bote pronto, aunque luego pueda estar todo sujeto a profundizar u organizar lo escrito. Es muy interesante realizar listados, como por ejemplo: empresas donde quieres trabajar, lugares donde has entregado el currículum, cosas que puedes hacer hasta que la situación cambie, etc. Utiliza esquemas, gráficos, dibujos o todo aquello que te pueda facilitar o servir para este fin. Es muy importante destacar todo lo positivo o aquellos logros que te hagan sentir bien, porque serán como una inyección de ilusión, esperanza y alegría.

"La lectura hace al hombre completo; la conversación, ágil, y el escribir, preciso." Francis Bacon (1561-1626). Filósofo británico.

La trascendental importancia de reflejar todas estas cosas en un papel es patente. Escribir es un recurso barato y muy práctico. No es necesario llenar muchos folios cada día, sólo lo justo y necesario. Quizá pueda ser incómodo en algún momento, pues no siempre apetece ir a por el material para anotar lo que se nos ocurre; pero hay que hacerlo si queremos ampliar nuestras posibilidades de encontrar trabajo. Al escribir evitas que las cosas se te olviden, además de ejercitar la mente y adquirir agilidad a la hora de usar el lenguaje. Esta actividad te lleva a estructurar y argumentar de una manera más organizada y sistemática todo lo que observamos y conocemos, facilitando la búsqueda de soluciones.

Ahora bien, una cosa es escribir para nosotros y otra para dejar un documento (carta, currículum…) a otros. En este último caso debes esmerarte en hacerlo lo mejor posible. Aplica alguna técnica siguiendo determinados pasos como:

• Busca modelos similares a lo que tú quieres escribir.

• Anota ideas y cosas que creas interesantes.

• Escribe un borrador ordenando las ideas anteriores.

• Corrige dicho borrador.

- Muéstralo a otras personas para que te ayuden a corregir y para poner a prueba su resultado.

- Vuelve a leerlo en diferentes momentos y siempre que modifiques algo.

- Elabora el documento definitivo.

De alguna manera, escribir de forma metódica y seria (no quiero decir carente de humor), te puede ayudar a comprometerte estableciendo metas; algo así como sellar pactos con nosotros mismos. Reflejar por escrito una meta puede ser un primer paso para alcanzarla.

Ventajas e inconvenientes

Cualquier asunto que tengamos entre manos precisa ser analizado y valorado. A todo podemos buscarle ventajas e inconvenientes. En algunos casos pesarán más las primeros y en otros los segundos. El problema surge cuando ambos están igualados o cuando nuestro estudio de la situación no es muy correcto o no queremos ver las cosas como son en la realidad.

Es frecuente que haya personas que tengan, respecto a ciertos temas, una visión muy subjetiva, apreciando por ejemplo como ventajas las cosas que le suceden a los demás y como inconvenientes, las propias. Hay que tratar de ser lo más objetivo posible (incluso con la ayuda de otras personas), valorando todo de una forma amplia y relativa.

Realizar un cuadro escribiendo en un lado las ventajas y en otro las desventajas es una manera muy visual de recoger las conclusiones de las reflexiones que efectuamos. Para ayudarte a resolver los conflictos puedes puntuar del uno al cinco las ventajas e inconvenientes anotadas, según la importancia que tú le des. Observa, después, cual de las dos suma más puntos.

DAFO

En los últimos años se está hablando mucho del DAFO. Se trata de un sencillo tipo de análisis, una herramienta útil para la planificación de estrategias, muy relacionada con el marketing y el mundo empresarial.

DAFO son las siglas de Debilidades, Amenazas, Fuertes y Oportunidades, traducidas del término inglés SWOT. Se considera a Albert Humpherey creador de esta técnica hace unos 40 años en EE.UU.

En realidad no se trata de nada nuevo, desde siempre el hombre ha observado su realidad y entorno y ha puesto en una balanza lo positivo y lo negativo. El DAFO no es más que aplicar el sentido común y una estructura lógica de razonamiento a una planificación. Es una forma de obtener una imagen clara de la situación, a fin de ayudarnos a tomar decisiones con las mayores garantías posibles de éxito.

El análisis DAFO consta de cuatro pasos:

1. Conocer el contexto.
2. Analizar los puntos fuertes y débiles.
3. Elaborar la matriz DAFO
4. Decidir la estrategia a emplear.

Así, el método DAFO se apoya en dos entornos: externo e interno. Mientras que las amenazas y las oportunidades son valoradas desde una perspectiva externa en relación al contexto, los puntos débiles y fuertes son examinados desde un análisis interno. Visto desde otra óptica, las oportunidades y las fortalezas son puntos positivos, y las amenazas y las debilidades, son puntos negativos.

Podemos aprovechar este método para que nos ayude a aclarar ideas y a planificar una eficaz estrategia. Para ello debes analizar los cuatro conceptos:

- *Debilidades*: aspectos que te limitan y reducen la capacidad de desarrollo de la estrategia. Son una amenaza para tus objetivos y debes controlarlos y superarlos.

- *Amenazas*: todo lo que está en tu entorno y puede impedir que desarrolles tus intenciones o que reduzcan su efectividad, perjudicando tus intereses.

- *Fortalezas*: son tus capacidades, recursos y posiciones alcanzadas. Te servirán para aprovechar las oportunidades.

- *Oportunidades*: aquello que se te presenta pudiendo ser ventajoso para ti al mejorar tu situación en el presente o en el futuro.

Lo que verdaderamente te puede ayudar, una vez clasificado y planteado el asunto es, reducir el número de cuestiones negativas y aumentar las positivas; o lo que es lo mismo, como explotar, utilizar y aprovechar las fortalezas y oportunidades y como frenar, mitigar o defenderte de las debilidades y amenazas.

Ejemplo de una matriz DAFO sobre los intereses personales en relación a un posible puesto de trabajo:

	Vertiente positiva	Vertiente negativa
	FORTALEZAS	**DEBILIDADES**
Análisis Interno	- Conocimiento informático. - Hablo tres idiomas. - Me gusta viajar.	- Escasa experiencia. - Timidez. - Nunca trabajé en equipo.
	OPORTUNIDADES	**AMENAZAS**
Análisis Externos	- Posibilidad de ascenso. - Coche de empresa. - Pago de dietas.	- Otras empresas del sector en expansión. - Numerosos candidatos.

Las personas que nos rodean

En los momentos difíciles es bueno no sentirse solo. El saber que tenemos personas a nuestro alrededor con las que podemos contar, suele proporcionarnos mucha seguridad. Por ello, hay que ser conscientes de la importancia que tiene poseer una buena *red de contactos*. Tener varios grupos (familiares, amigos, profesionales…) es algo que siempre enriquece. También hay que saber como establecer esas relaciones. Estar en grupo es una buena forma de entrenar las habilidades sociales.

Ya que cada persona es diferente, esas relaciones y lo que pretendemos con cada una de ellas no pueden ser iguales. Así por ejemplo, con unos podrás ir a entregar un currículum caminando, con otros a pensar estrategias y con otros, sencillamente, a divertirte para levantarte el ánimo. Es bueno, no necesario, que los que te acompañen en este viaje, conozcan tus necesidades. Por lo tanto, cada red presenta unas características y proporciona unos resultados o beneficios, los cuales se deben tener muy claros a fin de evitar desengaños.

> *"No necesito amigos que cambien cuando yo cambio, y asienten cuando yo asiento. Mi sombra lo hace mucho mejor."*
> Mestrio Plutarco (50-120) Historiador griego.

Podríamos agrupar básicamente los contactos en dos bloques que en algunos casos pueden coincidir: sociales y profesionales. Ambos son importantes; ambos hay que trabajarlos, desarrollarlos y cuidarlos.

Las personas que te rodean pueden guiarte en la búsqueda, facilitar más contactos, darte ideas, enseñar a enfrentarte a diferentes situaciones, ayudarte a rellenar impresos o a gestionar documentos, etc. Cuestiones que, por falta de conocimientos, experiencias o imaginación, tú sólo no las desarrollarías con igual eficacia.

> *"Búscate un buen compañero de viaje antes de buscar la ruta."* Mahoma (570-632). Profeta fundador del Islam.

Únete a otras personas que se encuentran en una situación similar a la tuya. Si no las conoces, búscalas. Juntos podéis haceros más fuertes, ayudándoos con el intercambio de información o abordando formas diferentes de hacer las cosas o de resolver los problemas. Unidos descubriréis que se os abren nuevos horizontes antes impensables. Eso no quiere decir que los implicados tratéis de conseguir el mismo objetivo, simplemente podéis acompañaros para realizar el camino y atacar la meta particular de forma independiente.

En este asunto, la comunicación es fundamental; ésta debe ser fluida y constante. Tienes que procurar que los que te rodean te tengan en cuenta, sabiendo tus necesidades. Es importante que ellos conozcan que tú estás ahí, y que tú sepas entenderte con ellos. Para ello debes poner en práctica unas buenas habilidades sociales y utilizar todos los recursos a tu alcance: en persona, teléfono, SMS, whatsapp, fax, correo postal o electrónico, redes sociales... Cada uno tiene sus ventajas e inconvenientes. Valóralos y utiliza el más adecuado.

Cuando hables con otra persona, debes tener la seguridad de que los dos os estáis enterando de lo que dice cada uno. Si alguien te cuenta algo importante, repítele lo que crees haber entendido para confirmar que realmente te has enterado. En algunos restaurantes y bares es norma que los camareros repitan siempre lo que pides; eso evita, sin duda, sufrir algún que otro disgusto.

Es bueno que cuando las personas que te rodean hablen de ti, lo hagan correctamente, dando una información precisa y positiva sobre tus cualidades y capacidades. Por ejemplo: es honrado y una persona de palabra, es muy bueno en su trabajo, tiene siempre una aptitud muy positiva, es alegre…

Con todo, nadie tiene obligación de ayudarte, ni resolver tus asuntos, por lo que no debes sentirte mal si alguien no hace lo que tú esperas. El único que está obligado a ayudarte eres tu mismo.

"Exígete mucho a ti mismo y espera poco de los demás. Así te ahorrarás disgustos". Confucio (551 – 479 a.C.).

Hay que agradecer siempre de manera inmediata cualquier información o referencia que te faciliten.

La orientación y la formación

La orientación profesional es un proceso intencionado, sistemático y continuo, que pretende desarrollar la capacidad de autodeterminación de las personas, con el fin de que puedan identificar, elegir y/o reconducir las alternativas de trabajo de su entorno, asumiendo las que más se adapten a su potencial y trayectoria. Además, trata de aumentar las posibilidades personales, académicas o profesionales de cada uno, de acuerdo con sus sueños y aspiraciones en la vida.

Si quieres alcanzar los objetivos deseados, la orientación es una ayuda importante. Debes tener presente una serie de ideas básicas que, cuanto mejor las cumplas, más posibilidades de trabajo tendrás:

• *Prevención*: Fórmate y prepárate en aquello que pueda haber mayor demanda.

- *Desarrollo*: Intenta que esa preparación y formación te guste; procurando que te gusten muchas cosas.

- *Intervención social*: Trata de hacer ver a la sociedad la necesidad de los puestos en los que te preparaste y contribuye a que se reconozca ese campo para que el mercado laboral cambie.

La orientación laboral ya se esboza desde los primeros años de enseñanza. ¿Quién no ha oído decir a un maestro cosas como…?: "este niño es bueno para…", "serás un estupendo…" o "deberías estudiar…"

> La Constitución española de 1869 mostraba la necesidad de formar profesionales de la clase obrera. Así fueron creadas las escuelas de Artes y Oficios.

Tienes que buscar ayuda tratando de encontrar información, formación e integración en el mercado laboral. Es importante conocer las nuevas herramientas para conseguir o mejorar un empleo. Debes consultar en los organismos públicos, empresas privadas, colegios profesionales, asociaciones, ONGs… buscando ese asesoramiento sobre formación laboral y la posibilidad de realizar cursos, talleres, seminarios, etc., que mejoren tu preparación. En ocasiones tienen bolsas de empleo o contactos que te pueden abrir un nuevo horizonte.

Para aumentar las opciones de encontrar empleo o mejorar y desempeñar con mayor eficacia el que ya tenemos, es importante una buena formación. Nunca se está suficientemente preparado. Cuanto más sabes te das cuenta de que más desconoces. Hay quienes piensan que la formación cuando es gratuita no es de calidad. Eso es un gran error y dependerá en gran medida de quién lo organiza y quien imparta las sesiones.

Aumentar los conocimientos es imprescindible, pero debe hacerse dentro del contexto laboral en el que te mueves. De poco te servirá saber mucho de física cuántica para vivir en un poblado bosquimano en África.

Cualquier modalidad es buena para adquirir formación y conocimientos Puede ser presencial, a distancia o no presencial (e-Learning), o semipresencial o mixta (blended). La formación reglada se imparte en centros oficiales públicos o privados siguiendo un plan de estudios para lograr un título con validez académica. La formación no reglada esta enfocada a la preparación de conocimientos o pruebas en la que se obtiene una certificación no reconocida por un organismo oficial; pueden ser cursos, seminarios… de duración variable.

La orientación profesional del s. XXI gira en torno a dos ejes: las competencias (personales y profesionales) y la tecnología (la información al alcance de todos). En los últimos años están surgiendo nuevas técnicas de orientación y formación laboral con buenos resultados, lo que ha llevado al crecimiento de empresas y profesionales dedicados a estos temas. Hoy la función del orientador se centra en mediar o acompañar a las personas que requieren su ayuda, motivándolas, facilitándoles información y ayudándoles en la toma de decisiones. Se trata de proporcionar las competencias necesarias al que busca orientación: técnica (saber), metodológica (saber hacer) y participativa (saber estar).

La *orientación para el empleo* pretende mediar con el individuo ante la problemática del empleo. Así, mientras la orientación profesional es sistemática y continua, la orientación para el empleo es puntual. Si la primera precisa una intervención antes de que se produzca el problema, la segunda se realiza una vez ha sucedido con la intención de resolverlo. La orientación para el empleo debe estar contextualizada con las políticas de empleo.

En una intervención para el empleo se deben trabajar las áreas: situacional (conocimiento de sí), cognitiva (lo relacionado con la actividad individual del conocimiento), afectiva (valores, actitudes y sentimientos), conativa (en relación al esfuerzo, apatía, interés…) y acomodativa o adaptativa (dentro del contexto social y laboral cambiante y flexible.)

El coaching

Es un término inglés que se traduce como "entrenamiento" y que se está utilizando mucho en el mundo empresarial y personal. El coaching es un proceso donde el coach o entrenador, interactúa con la persona o grupo (coachee) para que encuentren, con sus propios recursos y habilidades, respuestas para alcanzar su objetivo, esto es, el éxito personal.

> *"Todo mérito es de estos chicos, con los cuales la tarea de un entrenador resulta fácil."* Enrique Fernández Viola, entrenador uruguayo, tras ganar una liga de fútbol.

Para su aplicación se requiere cinco pasos: observar, tomar conciencia, determinar objetivos, actuar, verificar lo que hacemos.

A pesar de que siempre surgen críticas y detractores, el coaching suele obtener buenos resultados, de ahí su gran crecimiento. Para ello es preciso contar con un profesional bien formado, un plan de trabajo, una metodología clara y una flexibilización del proceso que permita su reajuste en dirección al objetivo marcado.

Existen varias modalidades de coaching:

- Sistémico: promueve el desarrollo del potencial de cada individuo.

- Ontológico: se centra en el uso del lenguaje y como afecta éste a los comportamientos y emociones.

- De vida: trata de desarrollar las habilidades personales en todas las facetas de la vida (sentimental, física, racional o metas personales).

- Ejecutivo o empresarial: dedicado a desarrollar habilidades que favorezcan los resultados en el ámbito corporativo, como la comunicación o el liderazgo.

El mentoring

El significado de mentor es el de consejero o guía. El origen de la palabra está en la mitología griega donde Méntor era el amigo de Ulises, protagonista de la Odisea, a quién éste le encargó la preparación y educación de su hijo Telémaco para que le sucediera como rey.

Se trata de una técnica encaminada a desarrollar un efectivo aprendizaje personal. Aquí cada individuo es responsable de su propio desarrollo personal y profesional. Para ello cuenta con el apoyo de un mentor quien será el encargado de que el mentorizado tenga nuevas perspectivas y desarrolle su potencial personal y profesional, algo que redundará positivamente en la empresa donde trabaja o quiere trabajar.

Mediante el mentoring, los mentorizados aúnan conocimientos y habilidades con otros colegas para dar respuesta a las necesidades de la empresa. El mentoring se apoya en relaciones personalizadas, flexibles y ajustadas a cada caso y a cada momento. El mentor es un guía e inspirador. La formación se basa en el aprendizaje por los comportamientos, más que por el conocimiento.

Objetivos y metas. Frase del día

Es necesario marcarse objetivos de cara a lograr alcanzar la meta (un trabajo). Es difícil llegar a un destino que no se conoce, tanto como volver a un lugar donde nunca se ha estado. Así sabremos en qué y para qué se debe invertir el tiempo y las energías. De esa forma, las acciones que se realicen y las decisiones que se tomen estarán encauzadas a ese fin deseado.

> *"Si no esperas lo inesperado no lo reconocerás cuando llegue".* Heráclito de Éfeso (535-485 a.C.) Filósofo griego.

Es fundamental entregarse para conseguir el objetivo marcado. Es indudable que hacerlo con ilusión, empeño, compromiso, optimismo, convicción... siempre aumentará las posibilidades de éxito. Pero a pesar de ello y de la intensidad que se ponga, es necesario que el objetivo nunca sea exclusivo. ¿Qué ocurrirá si sucede lo que no se espera y no se logra el objetivo? Por ello es importante tener pensado un segundo plan, un plan de emergencia, un plan B o como lo quieras llamar.

Cuando las cosas no están muy claras es bueno darles la vuelta, como cuando se duda del producto de una multiplicación (7x5= ¿?) e inviertes los números para asegurar el resultado (5x7=35). A veces, no se sabe lo que se quiere, pero se tiene claro lo que no se quiere.

> *"Cuando el objetivo te parezca difícil, no cambies de objetivo; busca un nuevo camino para llegar a él".* Confucio (551–479 a.C.) Pensador chino.

El planteamiento de objetivos debe ser variado. Unos deben ser grandes y otros pequeños, unos deben ser a corto plazo y otros a largo. No olvides escribirlos en tu "cuaderno de trabajo" y revisarlos periódicamente para ver si los has logrado o tienes que seguir con ellos. Márcate igualmente las tareas que tienes que realizar para favorecer la consecución de esos objetivos, si necesitas variar la forma de acometerlos y el tiempo necesario para cumplirlos. Si no pones fecha para materializarlos, todo quedará en un simple sueño o deseo.

Tal y como se comentó anteriormente, escribir los objetivos y metas es el primer paso para conseguirlos. El siguiente paso es el de la acción, donde debes poner en sintonía lo que quieres con lo que tienes que hacer.

> *"No basta dar pasos que un buen día puedan conducir hasta la meta, sino que cada paso ha de ser una meta, sin dejar de ser un paso."* Johann P. Eckermann (1792-1854) Poeta alemán.

Es importante marcarse algunos objetivos muy concretos, sencillos y fáciles de cumplir; ver que se van consiguiendo cosas es algo que siempre anima.

Es bueno elegir una frase para toda la semana, una frase que, como un eslogan, sea la tarea que hay que intentar cumplir. Por ejemplo y siguiendo al gran Joan Manuel Serrat: *"Hoy puede ser un gran día, plantéatelo así. Aprovecharlo o que pase de largo depende en parte de ti."*

Fijar metas implica tres fases: marcar un objetivo, llevarlo a cabo y evaluar o valorar el resultado.

SIEMPRE HAY QUE TENER PRESENTE...

Es muy importante tener siempre presente una serie de cuestiones que te ayudarán a mejorar tu situación, con independencia de la fase o del momento en el que te encuentres.

Actitud positiva

A lo largo de la vida nos vemos obligados a enfrentarnos a situaciones comprometidas y a tomar decisioncs. Tener una actitud positiva es algo que siempre ayuda. En muchos casos solo es cuestión de un cambio de percepción o como se suele decir: "ver las cosas con buenos ojos". Y es que como tú veas las cosas depende en parte de cómo las percibas, como las sientas y del juicio que hagas de ellas. Por lo tanto, la realidad de tu vida está supeditada a las actitudes que tengas hacia ella, condicionando así tu manera de actuar y de tomar decisiones, de cara a alcanzar el éxito y con él la felicidad.

La actitud positiva nos puede llevar a alcanzar las metas deseadas. Es un motor, una forma de producir energía que hace crecer el potencial personal. Es capaz de mejorar unas capacidades y habilidades limitadas, ayudando a superar las adversidades. Además, te permite vivenciar las experiencias de forma más alegre y feliz.

Una persona positiva cree en sí mismo (buena autoestima), aprecia a las personas que le rodean, encuentra multitud de oportunidades, soluciona problemas con eficacia, es responsable y generosa con los demás. Una persona positiva difícilmente caiga, ante las adversidades, en la apatía, desesperación o depresión.

"Al mal tiempo, buena cara." Refrán castellano.

Hay días o semanas en los que todo parece que sale mal. La persona positiva es consciente de lo malo que sucede, pero desecha vivir con lo negativo, lo cual beneficia su salud mental.

No te empeñes en ver las cosas malas que pasan a tu alrededor. Trata de descubrir el lado positivo en todo momento. De esta forma lograrás conseguir los mejores resultados en las peores situaciones. Manifestar esa actitud es algo que las personas que te rodean detectan fácilmente; algo que siempre les agrada, mejorando la impresión que los otros tienen de ti. Una actitud positiva no solo te facilitará el encontrar trabajo, también vivir feliz toda la vida.

El joven monje budista preguntó: - *"Maestro, estoy triste, ¿qué puedo hacer?"* El anciano, sin bacilar, respondió a su discípulo: - *"Alegrar a otros"*.

Todas las personas pueden mejorar o adquirir una buena actitud positiva. Solo tienes que poner voluntad y trabajar una serie de tareas, como: pensar en las mejores cosas que te han sucedido en el día, buscar la parte buena de todo lo malo (así considerado por ti), valorar las cosas pequeñas, tratar de encontrar varias soluciones a los problemas, olvidarte de las historias malas del pasado y pensar en un atractivo futuro, disfrutar de las maravillas del presente y comentarlas con otras personas omitiendo lo penoso y triste y resaltando lo alegre y divertido, etc.

Hay que creer en el "poder del pensamiento positivo". Es curioso, pero con una actitud positiva, siempre que buscas cosas buenas, las encuentras. Habrás comprobado, por ejemplo, cómo hay personas que nunca encuentran aparcamiento y otras que siempre tienen uno disponible. Mi gran maestro Desiderio Vicente llamaba a eso "materializar una ilusión". Él decía que en algunas ocasiones necesitó dinero para algo puntual y lo encontró en la calle. Siempre me pareció ese ejemplo algo fantasioso hasta que un día…

> Me vestía para acudir a una cita a la que llegaba tarde. Mientras me ponía una camisa que encontré en un armario, fuera de su lugar habitual, y que ya había usado tiempo atrás, me acordé que no tenía dinero. En unos segundos varias ideas se me cruzaron por la cabeza: hay que pasar por el banco, voy a llegar tarde, Desiderio y "materializar una ilusión". Justo en ese momento, mientras me abrochaba los botones de la camisa note que algo tenía en el bolsillo. Al meter la mano descubrí un billete de 50 euros. Indudablemente yo habría dejado ese billete allí, algo que no era costumbre en mí, pero la forma en la que se desarrollaron los hechos hicieron que desde entonces creyera firmemente en el significado de "materializar una ilusión".

Optimismo e ilusión

El optimismo nos puede ayudar a vivir una difícil situación de una manera más agradable. La persona optimista es aquella que siempre tratará de ver y juzgar las cosas que suceden a su alrededor desde el punto de vista más favorable, lo que le facilitará el camino hacia la felicidad.

"No anticipéis las tribulaciones ni temáis lo que seguramente no os puede suceder. Vivid siempre en un ambiente de optimismo." Benjamín Franklin (1706-1790) Estadista y científico estadounidense.

Nadie discute que tener una actitud optimista es algo beneficioso. Incluso hay estudios que afirman que las personas optimistas tienen más éxito en sus estudios, trabajos o cualquier actividad que desarrollen, y que disfrutan de una mejor salud (enferman menos, se curan antes y viven las enfermedades con más ánimo).

Un optimista siempre sacará algo provechoso de cualquier situación, aunque aparentemente sea mala; un pesimista siempre verá algo malo incluso en las situaciones provechosas. Un optimista estará siempre ocupado; un pesimista siempre tendrá una excusa para no hacer nada.

La persona optimista hará posible los trabajos más difíciles, tratará de dar respuesta a los problemas entendiéndolos como desafíos temporales y reversibles, buscará una luz en la oscuridad y siempre lo hará esperanzado, confiado y con una sonrisa en la boca. Los pesimistas se sentirán impotentes y nunca querrán hacer nada; postura que a muchos les resulta muy cómoda ("para no conseguir nada me quedo viendo la tele").

"Algunas personas miran al mundo y dicen ¿Por qué? Otras miran al mundo y dicen ¿Por qué no?" George Bernard Shaw. (1856-1950). Escritor irlandés.

Pero, ¿el optimismo es algo innato o se puede trabajar para mejorarlo? No parece que haya una respuesta clara a la pregunta. Lo cierto es que todo es susceptible de mejoría, siempre y cuando haya una intencionalidad de la persona poco optimista o pesimista y un buen profesional que sepa dirigir sus actuaciones.

También es importante vivir con ilusión. Una ilusión que te lleve a conseguir tu sueño más o menos real, o una esperanza que te permita cumplir con aquello que, a priori, te parece especialmente atractivo.

"La dicha está sólo en la esperanza, en la ilusión sin fin."
Guy de Maupassant (1850-1893). Escritor francés.

La ilusión como concepto o imagen no siempre se ajusta a la realidad, al ser producto de la imaginación o el resultado de la subjetividad de nuestros sentidos. Pero indudablemente es algo que motiva y contribuye a que te sientas más animado.

Pero hay que tener mucho cuidado. Esa visión subjetiva y a veces irreal puede llevar a equivocarte con facilidad o a que te engañen aprovechándose de la ilusión que manifiestas. Si tienes muchas ganas o deseos de conseguir algo es posible que te lances al vacío sin valorar las consecuencias.

"La diferencia entre el pasado, el presente y el futuro es sólo una ilusión persistente". Albert Einstein (1879-1955). Físico alemán.

Antes de decir que sí a una propuesta de trabajo, estúdiala concienzudamente. No contestes de inmediato, tómate tu tiempo (desconfía de los que te presionan), escribe las ventajas e inconvenientes, háblalo con otras personas, investiga sobre quien te hace la oferta... En resumen y como se suele decir: "piénsatelo bien."

El sentido del humor

El sentido del humor es una capacidad humana para estimular la alegría o la risa en uno mismo o en los demás, aunque ambas cosas no siempre van juntas. Hay personas que ríen con facilidad pero que difícilmente hacen reír a los demás, y quienes hacen mucha gracia, pero casi nunca ríen. Las posibilidades de despertar esos placenteros sentimientos son muy variadas.

La risa hace olvidar o eludir durante un tiempo las preocupaciones y los problemas. El humor te hace libre, te ayuda a vivir felizmente, a curar tus dolencias; si bien debe ser humilde y misericordioso, y en ningún caso dañar a nadie. Contribuye a superar los miedos, los fracasos, los errores, los problemas y a dejar de sentir lástima por uno mismo.

> *"El humor no es un don del espíritu, sino del corazón"*
> Ludwig Börne (1786–1837) Escritor alemán.

Esta forma de actuar y sus consecuencias han sido estudiadas por científicos que observan los claros beneficios en el cuerpo y en la mente de las personas que están viviendo momentos difíciles. La risa es terapéutica, mejora las emociones, desarrolla la creatividad y actúa favoreciendo el organismo (cerebro, pulmones, corazón...) Está demostrado que cuado reímos y tenemos pensamientos agradables nuestro ánimo mejora y con ello aumentan nuestras defensas, argumento que algunos utilizan para defender que la felicidad nos hace más saludables y la infelicidad, lo contrario.

Prueba del interés que el tema está despertando entre psicólogos, médicos, sociólogos... y público en general, son las cada vez más numerosas publicaciones, conferencias, cursos, etc., que sobre el humor y la risa se están difundiendo. Algunas universidades y asociaciones científicas están investigando en esta línea del humor. La "risoterapia" se ha convertido en una excelente estrategia o técnica que utiliza la risa para producir esos beneficios.

> *"La potencia intelectual de un hombre se mide por la dosis de humor que es capaz de utilizar."* Friedrich Nietzsche (1844 – 1900) Filósofo alemán

El humor es una forma de relación social que favorece la tolerancia. La risa y el humor unen a las personas. Es evidente que el buen humor hace ganar seguidores; todo el mundo prefiere estar más cerca de personas con buen humor y que nos alegren la vida, que de las que no lo tienen. Aunque tener sentido del humor no quiere decir ser un payaso, hacer tonterías continuamente, ni intentar ser o hacerse el gracioso de manera premeditada. Eso al contrario de causar una buena imagen, crea un efecto contrario.

Cuando el humor bien entendido por todos está por medio, todo resulta más fácil. En muchas ocasiones un breve cuento humorístico o un chiste llegan más como consejo que una larga retórica por muy bien expuesta que esté.

> *"Muchas veces ayudó una broma donde la seriedad solía oponer resistencia".* Platón (427–347 a.C.) Filósofo.

Hay que tener en cuenta que el humor tiene límites. Se debe evitar utilizar este recurso cuando los que lo reciben no quieren, máxime cuando algunos piensan que se están riendo de ellos. El gran Charles Chaplin decía que el chiste siempre debería estar a favor del débil y nunca del fuerte. Y es que reírse del débil podría conducir a una despiadada e hiriente ironía que daña a quien la recibe y en nada favorece a quien la practica. Aunque la ironía no siempre tiene que ser negativa, ya que no es más que una figura retórica por la que se da a entender lo contrario de lo que se dice.

> *"Hay dos tipos de bromas: una incivil, petulante, malévola, obscena; otra elegante, cortés, ingeniosa y jovial".* Cicerón (106 – 43 a.C.) Escritor y orador romano.

Todo el mundo, en mayor o menor medida, posee cierto humor. Pero, además, este sentido también se aprende, entrena y mejora. Es como un músculo que se tiene que trabajar y que cuando se deja de ejercitar se vuelve flácido. Hay que empezar por jugar con nuestro propio ego, olvidar el ridículo, dejar a un lado la vergüenza, trabajar las emociones, la tolerancia, la flexibilidad, los prejuicios y los estereotipos. Tener sentido del humor empieza por saber reírse de uno mismo, lo cual demuestra mucha inteligencia, equilibrio y una buena capacidad de autoconocimiento y autoestima. Así sabiendo reírnos de nosotros mismos y de nuestros errores, tendremos las cosas más fáciles para reconducir una situación con la que no estamos muy satisfechos.

> *"El sentido del humor consiste en saber reírse de las propias desgracias".* Alfredo Landa (1933-). Actor español

Dado que el humor ayuda a contrarrestar las emociones negativas, es una muy buena forma de hacer frente a los problemas y a las situaciones difíciles que se nos presentan. Gracias a él se favorece un clima relajado y distendido, lo que a su vez facilita la toma de decisiones y la resolución de conflictos (internos o externos).

Algunas empresas, conocedoras de esta realidad y de la buena relación del sentido del humor con la productividad, empiezan a buscar la mejor manera de introducir lo lúdico entre sus trabajadores. En Estados Unidos hay empresas que miden el *coeficiente de inteligencia emocional* y el *fun quotient*, algo así como el *"coeficiente humorístico"*. Actualmente se está implantando la figura del experto que haga cambiar las empresas serias y tristes en colectivos donde sus trabajadores estén alegres, sonrientes, motivados y dando lo mejor de sí con la mejor disposición. De esta forma, además de la mejora de la salud antes comentada, también aumentarán las capacidades de los empleados, y se favorecerá el aprendizaje, la cooperación y el trabajo en equipo.

Tomarse las cosas con sentido del humor no quiere decir no tomárselas en serio, apartarse de la realidad o dejar de ser responsables con nuestros deberes y obligaciones. Debe ayudarnos a todo lo contrario.

> *"A ninguna mente bien organizada le falta sentido del humor."* S. T. Coleridge (1772 – 1834) Filósofo inglés.

Pesimismo y victimismo

El pesimismo puede perjudicarnos en nuestras vidas haciendo que éstas sean menos atractivas. La persona pesimista es aquella que siempre tratará de ver y juzgar las cosas de una manera desfavorable, lo que le hará tendente a la infelicidad. La resignación y el conformismo son grandes aliadas del pesimismo.

Los pesimistas suelen afrontar los problemas pensando que no tienen solución y reaccionan ante las adversidades aceptando lo que sucede sin querer hacer nada para resolverlas o mejorarlas. Como consecuencia de ello, se vuelven cómodos e inactivos.

"Del pesimismo a no hacer nada hay un papel de fumar."
Luis Eduardo Aute (1943-) Cantautor español.

Considerando que cada uno es responsable de sus actitudes, los pesimistas y pusilánimes (los faltos de ánimo y valor para tolerar las desgracias y afrontar grandes proyectos), deben plantearse intentar cambiar o mejorar esas negativas formas de pensar y actuar, tarea que aunque no resulta fácil, sí es viable.

El victimismo es la tendencia de algunas personas a considerarse víctima o hacerse pasar por tal, por sufrir o por padecer algún daño más o menos real y trascendente. Nuestros diccionarios recogen la locución coloquial "hacerse alguien la víctima", con el significado de quejarse en exceso buscando la compasión de otros.

"Los que se consideran a sí mismos víctimas de sus circunstancias, siempre permanecerán como tales a menos que desarrollen una mayor visión para sus vidas." Stedman Graham (1951-) Profesor norteamericano.

Tienes que ser consciente de que tú puedes influir en todo lo que pasa a tu alrededor. Si quieres que las cosas cambien, eres tú el primero que tienes que empezar. Lamentarte por lo desdichado que eres, por no tener suerte en la vida o con los empleos, no te servirá para nada. Analízate a ti mismo con honestidad y piensa si lo que haces es lo correcto. Mientras te lamentas de tus desdichas otro, tal vez con menos capacidad o formación que tú, puede estar consiguiendo el puesto de trabajo que deseas. Por lo tanto, cuando te veas en una situación difícil, puedes sentir lástima de ti mismo y abandonarte a la apatía y desánimo, o reflexionar y meditar para descubrir si has hecho algo diferente con la intención de que todo cambie y mejore. Sólo tú eres quien debes poner remedio de una manera activa, aceptando y creando alternativas para superar el problema.

> *"Si lloras por haber perdido el sol, las lágrimas no te dejarán ver las estrellas."* Rabindranath Tagore. (1861 – 1941). Poeta y filósofo indio.

Es cierto que para algunos individuos ir de víctimas por la vida es algo que les resulta muy rentable. Para ellos es mejor no creer en el "poder del pensamiento positivo", ya que renunciarían a creer que son víctimas y las personas que les rodean dejarían de sentir lástima por ellos. Eso implicaría perder esa inadecuada forma de relacionarse, el apoyo afectivo y hasta cuestiones materiales que reciben por su delicada (aparentemente) situación.

> *"Nunca me lamenté de la adversidad; nunca me sentí agobiado por los múltiples problemas que me acuciaban... hasta el día en que me encontré con los pies desnudos y sin dinero para comprarme unas babuchas.*

*Entré disgustado en la mezquita de Kufa para calmar el
dolor de mi corazón con la oración. Estando ahí, vi a un
hombre que no tenía pies.*

Entonces di gracias a Dios y me resigné a tener que ir descalzo."

Saadi (s. XII-XIII) Poeta místico sufí.

Resultados

Cualquier hecho, operación o deliberación tiene como efecto y
consecuencia unos resultados que pueden ser positivos o negativos. Pero, al igual que cualquier situación en la que nos encontramos, todo puede tener puntos de vista distintos; todo es relativo.

El marido le dijo a su esposa: - *"Cariño, si trabajamos duro y con un poco de suerte, quizá algún día seremos
ricos."*

Con serenidad ella le respondió: - *"¿Ricos? Ya somos
ricos. Estamos sanos y nos tenemos el uno al otro. Lo que es
posible que consigamos, si hacemos lo que dices, es dinero".*

Imaginemos que un día hayamos tenido un resultado desfavorable en una acción emprendida; esa misma acción y esos mismos resultados a veces son valorados de distinta forma otro
día. Apreciación que igualmente puede ser diferente si pedimos
opinión a otras personas. Incluso, dependiendo de cómo nos
levantemos una mañana, puede que ni siquiera llegásemos a iniciar una acción por creer que no servirá para nada o que terminará mal. Además, si las expectativas que tenemos son a
priori positivas o negativas, puede que, de una manera incons-

ciente, nos las ingeniemos para hacer que veamos los resultados como buenos o malos, según nos convenga.

Cuando evaluamos unos resultados existe una importante carga de subjetividad. Si preguntamos a una persona sin empleo sobre su búsqueda de trabajo, puede que nos responda con sinceridad que "todo va muy bien". Pero la verdadera realidad es que los resultados no son nada buenos. Que hayas enviado cartas, que alguien te haya llamado o que fuiste a una entrevista de trabajo, no quiere decir que ya tengas un puesto.

Posiblemente tengas desde un principio una idea de los resultados que quieres obtener. Por ejemplo, si envías tu currículum, esperas que alguien te llame. Pero si las cosas no salen según tus expectativas, quizá haya algo que no estés haciendo bien. Si nadie responde a tu currículum, puede que exista algún problema con el proceso o que, tal vez, lo mejor sea no enviar más y hacer otra cosa.

> *"Si buscas resultados distintos, no hagas siempre lo mismo."*
> Albert Einstein (1879-1955). Físico alemán.

Los resultados de cualquier acción que emprendas debes valorarlos con la máxima ecuanimidad posible. Utiliza el "cuaderno de trabajo" para realizar una evaluación sistemática de aquello que llevas entre manos y lo que has hecho para tratar de alcanzar un resultado favorable. Analiza todo con sinceridad a fin de mejorar y no caer en los mismos errores. Es bueno que te ayuden otras personas a esta tarea; siempre te darán otro punto de vista y un mayor equilibrio y objetividad.

La diferencia de los resultados no sólo la marcan las buenas capacidades y condiciones que tiene cada uno, sino también cómo usas todo ese potencial que posees.

"No basta con saber, también hay que aplicar. No basta con querer, también hay que actuar." J. W. Goethe (1749-1832). Escritor alemán.

No olvides que los buenos resultados proceden de la acción y ésta de la reflexión. O sea que, si quieres tener éxito en lo que haces, primero piensa y luego actúa.

El *éxito*

Se entiende por éxito el resultado feliz de un negocio, actuación, trabajo, etc. También se utiliza menos frecuentemente para definir el fin o terminación de un asunto; de hecho la palabra éxito procede del latín, de *exitus*, que significa salida.

Si en el caso que nos ocupa, entendemos que tener éxito consiste en obtener un trabajo remunerado, tienes que ser consciente de que ese éxito depende de ti. No esperes que nadie te lo lleve. No confíes en los que tratan de venderte algo maravilloso para que lo consigas. Tampoco en que te puede llegar por causa del azar. La única forma para conseguirlo y triunfar es actuar, esto es, levantarse y buscar, si no se encuentra nada hay que crear ocasiones, e insistir e insistir hasta que el esfuerzo produzca sus frutos. Todo es cuestión de planteamientos y de voluntad: mientras algunas personas sueñan sentadas con el éxito, otras trabajan duro para lograrlo.

"Solo triunfa quien pone la vela donde sopla el aire; jamás quien pretende que sople el aire donde pone la vela." Antonio Machado (1875-1939). Escritor español.

Los resultados de tu trabajo no son siempre inmediatos. Ten confianza y paciencia. Si el trabajo está bien hecho, tarde o temprano, el éxito llegará. No abandones antes de tiempo tirando por tierra todo lo que ya has realizado. Es como cuando siembras para obtener una cosecha, cuanto más siembres, riegues y trabajes el campo, más posibilidades tendrás de obtener frutos.

El éxito se compone de muchas variables, además de trabajo y esfuerzo (que presentan un mayor porcentaje), también influye la formación y la preparación; y el dar lo mejor o algo distinto a los demás. ¿Y qué puede ser? Quizá no te puedas ofrecer como el mejor cirujano, comerciante o fontanero, pero sí como el más honrado, educado, puntual o alegre.

Debes tener en cuenta que detrás de cada éxito hay un nuevo desafío. Y que ni el éxito ni el fracaso son definitivos, por lo tanto, no te duermas nunca.

Fracaso y error

Conocemos como fracaso al resultado adverso de una empresa o negocio, a perder la oportunidad de lograr algo que teníamos entre manos o que pensábamos que podíamos conseguir. Por lo tanto, la persona que fracasa ve frustrada su pretensión o proyecto, privándose de lo que esperaba y malogrando su intento.

> *"Aquel que nunca ha fracasado, es porque tampoco nunca ha intentado nada"*. Og Mandino (1923-96). Escritor estadounidense.

En nuestra cultura relacionamos el éxito con conseguir lo que deseamos o con el acierto, y el fracaso con lo contrario. Eso nos lleva en muchas ocasiones a no intentar o a no hacer cosas por miedo a fracasar. "Mejor no hago nada, no sea que lo haga mal", es una frase muy común en boca de muchas personas.

No hay que pensar en el fracaso como tal, más bien en unos resultados que nos sirven plenamente u otros que nos llevan a generar nuevas opciones en pro del éxito.

"El éxito es la habilidad de ir de fracaso en fracaso sin perder el entusiasmo." Winston Churchill (1874-1965). Político británico.

Por error se entiende una acción desacertada o equivocada. Algunos errores nos pueden llevar a lo que se entiende como fracaso.

Nos han enseñado que no tenemos que fallar o equivocarnos. Eso nos bloquea y nos impide avanzar libremente. Hay que admitir que con los errores se aprende. Gran parte de nuestro aprendizaje se apoya en los errores que cometemos o que han cometido otros. Debemos aprender a aceptarlos sabiendo que ellos nos ayudarán a crecer.

Los errores son oportunidades ya que de ellos obtendremos una información que nos será de gran utilidad para nuevas experiencias. Se trata de encontrar los efectos positivos y beneficiosos del error, como una forma de lograr la manera o el método que más nos conviene para alcanzar el objetivo que deseamos.

"El fracaso es la oportunidad de comenzar de nuevo, pero más inteligentemente." Henry Ford (1863-1947). Empresario estadounidense.

Por lo tanto, el error y el fracaso pueden ser una traba importante para progresar en nuestras expectativas. No arriesgar y no buscar alternativas a nuestros errores influye negativamente en nuestro desarrollo creativo, de innovar y de resolver conflictos.

Se cuenta que Edison experimentó mucho hasta conseguir inventar la lámpara incandescente y que en una ocasión un reportero le preguntó el por que de tantos fracasos. Su respuesta no se hizo esperar: "No fracasé ninguna vez. Inventé la lámpara. Lo que ocurre es que encontré miles de formas diferentes de no hacer una bombilla y cada una de ellas fue un paso hacia delante".

Si bien el error tiene una cara positiva, lo que no se puede hacer es repetir un mismo error. Seamos burros tal y como dice el refrán: *"un burro no cae dos veces en la misma piedra"*. Una vez debe ser suficiente. La primera vez se yerra por ignorancia, la segunda por ineptitud.

> *"Todos los hombres pueden errar, pero insistir en el error es solo propio de los necios"* Cicerón (106 - 46 a.C.). Filósofo latino.

Una vez que has cometido un error ¿Qué puedes hacer? Sencillamente reflexionar y analizar lo ocurrido. Olvidarlo, sería caer en un nuevo error, una creencia común de muchas personas ("lo mejor es que lo olvides", se dice comúnmente). Pensar sobre lo ocurrido evitará que vuelvas a errar, te descubrirá cosas que desconocías y que te llevaron a esa situación, te hará tomar conciencia de lo aprendido, a saber lo que no hay que hacer y hacia donde debes dirigir tus esfuerzos.

No es bueno que seas muy duro contigo. Debes valorar los resultados, flexibilizando posturas y el rumbo trazado a fin de acercarte o alcanzar el objetivo deseado, con independencia de los intentos fallidos que hayas tenido. Nadie te recordará por las veces erradas, sino por las que hayas acertado. Si además consigues asociar al error emociones positivas como la valentía, el optimismo o la confianza, estarás en el buen camino del aprendizaje.

Si no aceptamos nuestros errores, creemos que todo está bien hecho y culpamos a los demás de lo ocurrido, no es posible corregir nada y caeremos una y mil veces en el mismo error o en otros similares. Si algo no funciona, empieza por estudiar tu forma de actuar.

"Errar es humano, pero más lo es culpar de ello a otros." Baltasar Gracián (1601-58). Escritor español.

El filósofo y escritor Goethe dijo *"El único hombre que no se equivoca es el que nunca hace nada"*. Pero hasta el mismo Goethe se equivocó en la frase ya que, incluso el que no hace nada, se equivoca no haciendo nada.

El miedo

El miedo es una perturbación angustiosa del ánimo producida por un riesgo o un daño más o menos real o imaginario. También es una aprensión o recelo que se tiene por que suceda lo contrario de lo esperado o deseado. El miedo impide pensar y tomar decisiones con plena consciencia, al bloquear nuestras capacidades de organización, eficacia e imaginación. La Madre Teresa de Calcuta decía que el obstáculo más grande es el miedo.

"Tengo miedo de tener miedo." Gabriel García Márquez (1928-). Escritor colombiano.

La situación de paro conlleva cambios constantes, unos cambios que pueden ser vividos con miedo a lo desconocido o a un futuro incierto. En concreto:

- al fracaso de creerse no válido

- a sentirse aislado de su grupo de pertenencia

- a perder su estatus social o económico (incluso a no cubrir las necesidades básicas)

> *"Sólo una cosa vuelve un sueño imposible: el miedo a fracasar".* Paulo Coelho (1947-) Escritor brasileño.

El miedo debe ser canalizado adecuadamente conociendo el doble valor en que se manifiesta:

- *Negativamente* puede derivar en estados como la ansiedad, la depresión o el estrés.

- *Positivamente* conduce a ser más prudentes, a meditar las acciones con antelación, a no tomar decisiones sin pensar o a embarcarnos en proyectos de acuerdo con nuestras posibilidades.

Si tienes un problema de miedo en relación al tema laboral, debes tratar de solventarlo de la forma más eficaz y que te genere más confianza: enfrentándote a él de una manera racional, apoyándote en las personas que te rodean (amigos, familia…), consultando a un especialista, cambiando la visión del fracaso (tal como comentamos en el apartado anterior).

En muchas ocasiones tenemos miedo de cosas que creemos van a suceder, pero que nunca llegarán a ocurrir, ¿por qué preocuparse entonces?

"A cada día le bastan sus temores, y no hay por qué anticipar los de mañana". Charles Péguy (1873-1914). Escritor francés.

Hay que tratar de conseguir controlar el miedo y hacerlo útil para el objetivo de lograr un empleo. Canalizando y superando esos temores, se puede conseguir llevar a cabo intentos y acciones más innovadoras, originales y creativas, sin miedo al fracaso, ampliando así nuestras posibilidades de éxito.

"Conquistar el miedo es el comienzo de la riqueza." Bertrand Russell (1872-1970). Filósofo británico.

Debemos ser conscientes que las posibilidades de éxito no siempre se hacen efectivas. Esta realidad, al contrario de dar miedo, debe valer para que cada cual mejore su autoconocimiento, sus cualidades personales, evite sus errores y encuentre nuevas vías para intentarlo mejor y de una manera más eficaz.

El miedo de algunas personas radica, no tanto en las dificultades que se le presentan, sino en la obligación de tener que decidir o de hacer algo. También hay quienes utilizan el miedo como una justificación o excusa para no hacer nada. "No voy a ir; me da miedo que me pregunten algo que no sé" o "no lo puedo hacer, es superior a mis fuerzas", son algunas frases de los que utilizan el miedo para mantener una situación con la que se sienten cómodos. Incluso hay quienes llegan a creerse ese miedo para justificarse ante los demás o a sí mismo.

"El hombre que siente miedo sin peligro, inventa el peligro para justificar su miedo." J. W. Goethe (1749-1832). Escritor alemán.

Es bueno ponerse en situación de lo peor que te puede ocurrir. En ocasiones, lo peor que puede ocurrir no es tan grave, sobre todo si relativizamos esa hipotética situación y pensamos que seguimos manteniendo lo que verdaderamente importa: quienes somos, nuestros valores, la familia, los amigos, la salud, etc.

Ten presente que si llenas tu cabeza de miedos, no dejarás espacio para otras cosas importantes de la vida, como los sueños o la felicidad.

La suerte

La palabra *suerte* esta asociada a sucesos fortuitos o casuales, a circunstancias que ocurren favorable o adversamente, a aquello que sucede o puede suceder para bien o para mal de las personas. Decimos que tenemos buena suerte o simplemente suerte cuando las cosas nos ocurren tal y como esperamos o deseamos y mala suerte, si nos sucede lo contrario.

> *"Existe una puerta por donde entra la suerte y tú eres quien custodia la llave."* Proverbio japonés.

La suerte puede ser algo subjetivo, lo que para uno es una suerte, para otros no lo es. Incluso algo que inicialmente te parece buena suerte, un tiempo después se convierte en mala suerte.

En realidad la buena suerte no es más que una serie de factores que se producen a nuestro alrededor y que, aunque no los percibimos, pueden favorecer la situación en la que nos encontramos. Algunos piensan que la suerte es estar en el lugar y en el momento adecuado. Aún admitiendo que eso sea cierto, la clave es que hay que estar; y para estar, hay que buscar y llegar.

Colocándose frente al televisor todo el día difícilmente se darán las circunstancias deseadas.

La buena suerte siempre es proporcional al trabajo y al esfuerzo invertido. Y cuanto más perseveres e insistas en ello, más buena suerte tendrás. No es raro oír a algunas personas comentarios como: "Mi amiga ha tenido mucha suerte, ha encontrado un trabajo estupendo. Y a mi no me sale nada". Lo que no se dice siempre es todo lo que ha hecho su amiga para tener esa suerte (informarse, levantarse temprano, estudiar, dedicarle horas todos los días a buscar en Internet y periódicos, pedir ayuda y consejo a otras personas, etc.)

"Soy creyente en la suerte, y he descubierto que mientras más duro trabajo, más suerte tengo." Stephen Leacock (1869-1944). Escritor canadiense.

La buena suerte es como un globo que podemos hinchar con aire de trabajo, preparación, voluntad, acción, optimismo, constancia, ilusión, carácter… Cuanto más aire metamos en el globo, más grande será.

Indudablemente, los que no tienen buena suerte son aquellos que se quedan esperando sin hacer nada. Los que no consiguen aquello que quieren tienen un aliado estupendo en la mala suerte para justificar los fracasos. Pero en realidad lo que tratan de justificar no es otra cosa que su inoperancia, vagancia o falta de estímulo para emprender con eficacia la búsqueda de empleo.

Hay quienes creen que la buena suerte se pasa, y podemos estar de acuerdo si entendemos ésta como ocasiones que se nos presentan. Si yo tengo la posibilidad de conseguir un trabajo y no voy a la entrevista, es difícil que tenga buena suerte.

"Suerte es lo que sucede cuando la preparación y la oportunidad se encuentran y fusionan". Voltaire (1694-1778). Filósofo francés.

Es cierto que en muchas circunstancias, el azar ejerce, para bien o para mal, una trascendental influencia. Por ejemplo, en una oposición, que te toque un tribunal u otro, que salga el tema que te preparaste, que tengas que exponer el primero o el último, etc., son factores que te pueden llevar a un aprobado o un suspenso. Claro, cuantas más variables controles (de las que puedes controlar), como estudiar y saberte muchos temas, más mitigarás la influencia de ese azar. Como se suele decir en estos casos, "la suerte es para los que no se preparan".

Podemos asegurar igualmente que buena suerte no es otra cosa que apreciar todo lo bueno que tenemos a nuestro alrededor y disfrutar de ello.

Responsabilidades

La responsabilidad es un valor intrínseco perteneciente a la conciencia de cada persona. Todo el mundo tiene en mayor o menor medida una obligación moral ante cualquier asunto. Hay que tratar de ser responsable en todo momento, dando respuesta y poniendo cuidado en lo se dice, decide o hace, sobre todo si se piensa en las consecuencias que pueden afectar tanto al propio individuo como a los que le rodean.

"No se puede escapar de la responsabilidad del mañana evadiéndola hoy." Abraham Lincoln (1809-1865). Político y presidente de EE.UU.

Ser una persona responsable implica ser íntegra, disciplinada, humilde, coherente, cumplidora, honesta y leal; y sobre todo, consecuente y dispuesta a asumir las propias decisiones, respondiendo de ellas ante sí mismo o ante otros. Trabajando esta faceta, ganarás confianza en ti mismo y los demás también tendrán confianza en ti. Así, la responsabilidad abarca tanto tus actos (lo que haces o dices), como lo que te comprometes. Siendo responsable podrás llegar a sentir la libertad.

"El secreto de la felicidad está en mirar todas las maravillas del mundo, pero nunca olvidarte de tus responsabilidades básicas". Paulo Coelho (1947-). Escritor brasileño.

El ser responsable de manera consciente incide directamente en muchas facetas de la vida, entre ellas en el plano laboral. Todo empresario quiere una persona de estas características en su plantilla: que cumple con su obligación, extrema el cuidado en lo que hace, presta atención a lo que dice, toma decisiones sensatamente, acepta las consecuencias de sus actos...

Cierto es que para que se produzca una adecuada responsabilidad tiene que haber libertad, esto es, poder realizar las acciones libremente. También debe existir una ley o norma que dictamine que un determinado comportamiento es el adecuado o no.

Ser responsable no es tratar de conseguir continuamente el asombro de los demás, algo que puede llevarte a una insatisfacción muy perjudicial. Tampoco hay que caer en un exceso de perfeccionismo dando una imagen de prepotencia o superioridad.

Hay personas que eluden su responsabilidad con pretextos faltos de coherencia. Unas dicen que la responsabilidad les quitará su libertad ("soy libre y hago lo que quiero"). Otras evitan los compromisos intentando hacer ver que nada les interesa ("paso de todo"). Algunas lo circunscriben al ámbito del premio o castigo ("¿y qué gano yo si lo hago"). Incluso hay quienes lo justifican alegando que antes tienen otras necesidades básicas (dormir, comer, divertirse…) Todo son excusas para no asumir responsabilidades y en muchos casos para dejar que otros hagan lo que deberías hacer tú.

> *"La mejor forma de rehuir la responsabilidad consiste en decir: "Tengo responsabilidades".* Richard Bach (1936-). Escritor estadounidense.

No faltan los que creen que todo es cuestión de edad ("la responsabilidad llega con la madurez"). Gran error. Todos conocemos casos de niños que en países pobres y desde pequeños asumen responsablemente, ante la falta de recursos, ciertas tareas domésticas o laborales y/o el cuidado de sus hermanos más pequeños. Todo es cuestión de educación. Una persona puede ser más o menos responsable en la medida en que se le ha enseñado a ello.

> *"El hombre nace libre, responsable y sin excusas."* Jean Paul Sartre (1905-1980). Filósofo y escritor francés.

Y como casi todo, la responsabilidad es susceptible de mejora. Para ello lo primero es querer mejorarla. Después habrá que parase a pensar, empezando por tomar consciencia de que muchas de las realidades que suceden dependen en gran medida de ti. Sería muy bueno que las escribieses en tu "cuaderno de trabajo" añadiendo lo que sucede o puede suceder si tú no las asumes. También te ayudará comprobar la responsabilidad de otras personas cercanas y como éstas cumplen o no con sus compromisos.

"Si podemos formularnos la pregunta: ¿soy o no responsable de mis actos?, significa que sí lo somos". F. Dostoievski (1821-1881). Escritor ruso.

No culpes a nadie, el único responsable de todo lo que te sucede eres tú. Y no solo eres responsable de lo que haces, también de lo que no haces.

Ocasiones y oportunidades

Una ocasión es una oportunidad que se nos presenta de ejecutar o conseguir algo. Y una oportunidad el momento o tiempo adecuado u oportuno para hacer algo y que esto tenga un resultado positivo. Así, se habla de que un individuo tiene una oportunidad laboral cuando se le presenta la posibilidad de trabajar según lo deseado, con unas buenas condiciones y un buen sueldo.

Nunca sabemos donde puede surgir una oportunidad, por lo que es necesario estar atento a todo lo que nos rodea, con una actitud activa y positiva. Así, cuando se presente, estarás preparado para estudiarla, valorarla y, si la consideras interesante, aceptarla. Hay que saber aprovechar las ocasiones ya que no siempre se repiten. Dejar pasar una ocasión es como dejar pasar un tren que te llevará al destino del éxito, sin saber si pasará otro y a sabiendas de que puede que nunca más lo haga.

Pero no hay que esperar que lleguen las circunstancias que deseamos o una gran ocasión, ya que tal vez ésta no llegue nunca tal y como la pretendemos. También las ocasiones hay que buscarlas. Hay que moverse, buscar, llamar, preguntar, crear momentos para hablar… Es como lanzar redes para pescar; no basta solo con echarlas al mar, después hay que revisarlas para ver si las ha arrastrado la corriente, se han roto o han capturado pescados grandes o pequeños.

> *"Los débiles esperan la ocasión; los fuertes la provocan."* Orison Swett Marden (1850-1924). Escritor norteamericano.

La oportunidad puede estar en el día a día y llegar disfrazada o pasar ante ti desapercibida: una publicidad de cursos gratuitos en tu buzón, acompañar a alguien con quien adquirir experiencia, una oferta de trabajo en un periódico que no leíste, un artículo que ignoraste… No debes esperar que se te presenten grandes oportunidades y menos dejar escapar otras, por pequeñas que te parezcan. Sea espectacular o discreta, una oportunidad es una oportunidad y hay que aprovecharla.

> *"Las oportunidades pequeñas son el principio de las grandes empresas."* Demóstenes (384 a.C. - 322 a.C.). Político y orador griego.

La libertad nos lleva a ir formando de manera autónoma nuestro propio destino del cual somos dueños en exclusiva. Por lo tanto, cada persona es responsable de buscar sus oportunidades si pretende alcanzar un futuro lleno de felicidad.

Estar desempleado puede llegar a ser una oportunidad, una manera de conducirte y hacer que te detengas a reflexionar sobre muchas cosas, empezando por lo que haces como responsable de lo que te ocurre.

"En medio de la dificultad está la oportunidad." Albert Einstein (1879-1955). Físico alemán.

Hay ocasiones en las que no cumples todos los requisitos de un puesto ofertado, donde se busca un perfil determinado. Si te interesa el puesto hay que ir a por él e intentarlo. Eso te puede servir como aprendizaje; quizá no encuentren a nadie que cumpla los requisitos al 100% y den entrada a otras personas; o tal vez surja alguna otra razón que te abra las puertas. Eso sí, hay que hacerlo siendo conscientes de las posibilidades, sin generar grandes expectativas, pero sabiendo que hemos favorecido una oportunidad de trabajo.

En ocasiones las pérdidas de oportunidades se producen por motivos variados como miedo, falta de información, escasa motivación o malos consejeros.

Las oportunidades que tú desperdicias seguro que son aprovechadas por otras personas. Siempre hay quien está dispuesto a levantar una casa o iniciar una empresa con lo que otros desechan por creerla inservible. Es muy bueno saber ver como una oportunidad hasta las cosas, aparentemente, más desfavorables.

"Un sufí caminaba meditando entre palmeras. Un mono, desde lo alto de un cocotero, le lanzó un coco. Tras golpear en su cabeza, el hombre recogió el coco, lo partió, sació su sed con su agua, calmó su hambre con su pulpa y se fabricó una vasija con su cáscara. Y siguió felizmente su camino". Cuento sufí.

El riesgo

El riesgo es la posibilidad de que nos suceda algo que nos puede perjudicar o hacer daño. Hay que entender que toda actividad humana conlleva asumir ciertos riesgos, por lo que cualquier cambio que llevemos a cabo en nuestras vidas nunca estará exento de ello. Esto es algo a lo que no debemos temer, sino tratar de controlarlos lo más posible.

> *"Arriesgarse es perder el equilibrio momentáneamente. No arriesgarse es perderse a si mismo."* Sören Kierkegaard (1813-1855). Filósofo danés.

Debes entender que si quieres ser una persona emprendedora dispuesta a crecer, tendrás que enfrentarte a ciertos retos (trabajar, cambiar de empleo o crear un negocio), asumiendo algún tipo de riesgo. Estos podrán ser mayores o menores en función de las posibilidades de éxito y del interés de aquello por lo que te arriesgas.

Ahora bien, tienes que intentar asegurar cuantas más cosas mejor, tratando de que todo tenga la menor repercusión posible en caso de que las cosas no salgan como esperas. Tendrás que tomar conciencia de las consecuencias de dejar un trabajo estable ante una posibilidad de un empleo aparentemente mejor o un puesto fijo por uno eventual. Son riesgos que tienes que valorar antes de lanzarte, y las personas especialmente arriesgadas tienen que poner un mayor empeño en controlar eso. Hay que dejar siempre la puerta abierta y tratar de mantener la posibilidad de volver al mismo punto donde lo dejamos antes de efectuar el cambio.

"Quien monta un tigre corre el riesgo de no poder bajar nunca." Proverbio japonés.

Cuanta más información tengas, más conozcas el tema, más te hayas preparado, más experiencia tengas… y más y más; menos riesgos tendrás que asumir. Con todos los datos en tu mano, verás con mayor claridad ese riesgo que puedes aceptar y por lo tanto decidir si continuar o abandonar. En muchas ocasiones el no arriesgarse es el verdadero riesgo.

Los individuos más emprendedores y dispuestos a arriesgar suelen tener una actitud positiva y optimista; los menos, todo lo contrario. Hay que poner especial cuidado con la ilusión, para no pasar de ser una persona ilusionada a una ilusa.

Por lo tanto, es bueno que arriesgues, pero con riesgos lo más controlados posibles y que, como siempre, asumas las consecuencias de tu decisión.

Cuando estudiaba magisterio compartía las clases con David, un compañero que se pasaba hasta altas horas de la noche trabajando en un bingo. Disponía de poco tiempo para estudiar y realizar trabajos, dado que también tenía que atender a su familia, y dormir. En una ocasión nos pidieron para la asignatura de pretecnología realizar una marioneta. David se presentó con una típica marioneta de cuerdas brasileña, a la que sólo le cambió la parte superior de las maracas por dos bolas de bingo llenas de arroz. Todas las compañeras y compañeros le avisamos del riesgo de presentar eso, pues pensábamos que el profesor al verlo se enfadaría y le suspendería. El dijo que no tenía tiempo para hacer otra cosa y que asumía lo que pasara.

Al poner su "trabajo" sobre la mesa para su valoración, todos mirábamos de reojo esperando la bronca. El profesor tomó la marioneta la movió y con una sonrisa dijo: "-¡Huy que graciosa! Si suenan las maracas." Y le puso un diez.

Insistencia

Insistir, persistir, mantenerse firme, repetir o hacer hincapié es algo fundamental cuando queremos conseguir algo. Para ello es necesario que tengas tenacidad y perseverancia; esto es, mantenerte firme en aquello que defiendes o es tú propósito.

> *"En la confrontación entre el arroyo y la roca, el arroyo siempre gana. No por la fuerza, sino por la perseverancia."*
> H. Jackson Brown. Publicista y escritor estadounidense.

Insiste con convicción en lo que te interesa. Cuando eso que haces está bien y lo haces con ilusión, los obstáculos desaparecen y todo suele terminar con unos resultados satisfactorios.

Algunos estudios aseguran que gran parte del éxito se debe a insistir.

Se cuenta que la directora de una agencia de modelos le dijo en 1944 a la candidata Norman Jean Baker, que sería mejor que hiciese un curso de secretariado o que se casara con un buen marido. Ella no hizo caso e insistió en su sueño hasta lograr convertirse en todo un mito cinematográfico: Marilyn Monroe.

Incluso hay quienes piensan que la insistencia favorece capacidades humanas como la inteligencia o la aptitud y en parte no les falta razón pues todo es susceptible de mejora.

También hay personas que tienen una visión muy simplista y parcial de lo que ocurre y no saben o no quieren analizar y ver la realidad.

- *"Manolo, ya me he enterado de que has aprobado las oposiciones. Eres un tipo con suerte."* Le dice un vecino a otro en el descansillo de la escalera.

- Con cara de asombro le contesta. *"Bueno, me he presentado siete veces."*

- *"Y tú Felipe, ¿qué tal va lo tuyo?"*

- *"¡Fatal! La cosa está muy mal. Llevo ya seis meses sin trabajo."*

- *"Pero, ¿estás haciendo algo?* Pregunta Manolo.

- *"Sí, estoy esperando. Hace tiempo envié un currículum."* Responde Felipe convencido.

Los resultados desfavorables, no tienen que llevarte a cejar en tu empeño de conseguir aquello que piensas puede ser bueno para tu futuro. En la anterior anécdota, Manolo se mantuvo firme e insistió hasta aprobar, a pesar de sus seis suspensos anteriores.

Por supuesto que hay que insistir en todo y con todo, pero cuando se trata con personas hay que hacerlo con cortesía y respeto, sin llegar a ser pesado. En ese caso, hay que buscar la oportunidad, el momento para preguntar, llamar por teléfono o volver a sacar el tema, de una forma natural.

> *"Muchas veces las cosas no se le dan al que las merece más, sino al que sabe pedirlas con insistencia."* Arthur Schopenhauer (1788-1860). Filósofo alemán.

Ahora bien, insistir también puede ser un error cuando las expectativas de éxito son escasas y todo, previsiblemente, te conduce a un resultado desfavorable. Uno no se puede empeñar en lo que todos ven que está abocado al fracaso o al menos no debe volcar todos los esfuerzos en ello.

Justificar

Justificar es probar algo con razones que sean convincentes. La clave está en saber cuales son esas razones y ¿convincentes para quién? La justificación es uno de los mejores recursos que tienen los humanos para demostrarse a sí mismos y/o a los demás, que las cosas que hacen las están haciendo bien, aunque en el fondo algunos de ellos crean que eso no es así.

En la vida se puede justificar todo (leyes, peticiones, acciones...) Otra cosa es aceptar que los argumentos de esas justificaciones sean correctos o no. Puedes tratar de hacer ver a los demás que esa mañana no fuiste a una oferta de trabajo por mil razones: me dolía la pierna, no estaba seguro de la dirección, creía que el puesto ya estaba dado, todavía me queda un mes de paro, hoy no me siento preparado, el sitio está muy lejos, hay un partido de fútbol, etc., etc., etc. Como digo, mil razones que pueden ser rebatidas con otras mil razones de por qué deberías haber acudido a la entrevista.

> *"Lo peor no es cometer un error, sino tratar de justificarlo en vez de aprovecharlo como aviso providencial."* S. Ramón y Cajal (1852-1934). Médico.

Y es que no todo lo que una persona admite como explicación es válido y adecuado para otra. Solo una estrecha línea separa una justificación de una excusa, esto es, de un simple pretexto con el que se intenta eludir una responsabilidad o disculpar una omisión.

Hay personas que justifican lo que hacen otros con una fe ciega. A veces los sentimientos interfieren negativamente en la responsabilidad. Es el caso de esas madres que justifican, por ejemplo, que su hijo o hija no se presente a una oferta porque el trabajo está muy lejos o es para un puesto de inferior "categoría" a la que le presupone que tiene. Desde luego flaco favor le hace esta madre a su hijo/a, por mucho que le quiera.

En la búsqueda de empleo, pocas justificaciones pueden ser válidas para no intentar conseguir un puesto de trabajo, conforme a unos valores, normas y leyes. Piensa sinceramente si alguna vez has dejado de hacer alguna cosa en esa dirección y si lo justificaste de alguna forma. En caso afirmativo, trata de reflexionar y encontrar soluciones adecuadas que te hubieran permitido haber hecho realmente lo que no llegaste a intentar y cuales podrían haber sido las consecuencias. No se trata de lamentarte, sino de aprender de ello.

Imposible

Por imposible entendemos, aquello que no es posible, esto es, que no puede ser, suceder o ejecutarse. Aunque también nuestros diccionarios registran la palabra imposible como un adjetivo para referirse a algo sumamente difícil (muy difícil, pero no "imposible").

Son muchas las personas que, por motivos diversos, ponen trabas a sus propios deseos o proyectos. Parece absurdo, pero es así: yo quiero hacer algo, pero yo mismo me digo que no lo puedo hacer. Y la clave está en esa palabra: imposible.

> *"Busco hombres que crean que no hay cosas imposibles."*
> Henry Ford (1863-1947). Industrial de EE.UU.

No permitas que el pensar que no puedes hacer una cosa interfiera en obtener unos resultados positivos. Tú debes saber de lo que eres capaz y si no lo sabes bien, tienes que trabajar más tu autoconocimiento. Y no te quepa la menor duda de que puedes mucho más de lo que crees. Lucha con convicción, búscale a todo las vueltas, se ingenioso, pide ayuda o haz lo que sea necesario para lograr aquello que quieres y que, en principio, piensas que no puedes conseguir. Ahora bien, debes calibrar mucho si el esfuerzo que tienes que realizar compensa el resultado.

> *"Intentar lo imposible es la manera de realizar lo posible."*
> Henri Barbusse (1873-1935). Escritor francés.

El pensar que algo es imposible o el hacérselo ver así a los demás, es una buena manera de no hacer nada. Alguna vez hemos oído frases similares a esta: "No voy a ir a la entrevista de trabajo, es imposible que consiga el puesto" (y se queda en casa viendo la televisión tan ricamente). Parece bastante absurdo negar las cosas o catalogar su grado de dificultad sin antes haberlo intentado. Mientras unos dicen que algo no se puede hacer, otros lo intentan y lo consiguen.

El deseo, la determinación y la persistencia en el objetivo, son buenas aliadas para alcanzar lo inalcanzable.

> *"Para que pueda surgir lo posible es preciso intentar una y otra vez lo imposible."* Hermann Hesse (1877-1962). Escritor suizo.

Si supiéramos que realmente hay muchas menos cosas imposibles de las que pensamos, seguro que en el mundo se harían muchas más cosas que las que se hacen. Dicen que muchas personas han llegado a conseguir cosas que parecían imposibles simplemente por el hecho de que no sabían que no se podían conseguir.

> - *"¡Me han dado el puesto de encargado!"* Exclamó entusiasmado a su compañero de oficina.
>
> - *"Pero eso es imposible. Dijeron los jefes en la cafetería que no lo iban a ofertar."* Respondió asombrado.
>
> - *¡Ya! Pero yo no lo sabía y me presenté."* Repuso el primero con inocencia.

Debes tratar de utilizar la palabra imposible lo menos posible. Convéncete de que su uso no te beneficia, es como una cuerda que te ata y te limita.

Desterré la palabra imposible en un campamento de verano cuando tenía 8 años. Un joven monitor en el transcurso de una conversación dijo con total convencimiento que en la vida no había nada imposible.

A mí eso me pareció una barbaridad y con mi limitada capacidad traté de demostrarlo. Rápidamente mi cabeza empezó a dar vueltas y a pensar en la cosa más imposible que se me podía ocurrir. En unos instantes lancé una pregunta seguro de que con ella pillaría al atrevido monitor:

- *"¿A que no cabes en un botecito de cristal así"*. Dije al tiempo que señalaba con los dedos una pequeña medida, esbozando una sonrisa con aires de superioridad.

- *"¿Qué no?"* Contestó al instante. *"Me prendo fuego y reducido a cenizas ya entro en él. Pero no me compensa hacerlo."*

La respuesta me dejó totalmente impresionado. Había pensado en la más imposible que se me podía ocurrir y eso no sirvió. Desde aquel día no he dejado de creer que "no hay nada imposible".

Uno de los pasos para lograr lo imposible es no temer al fracaso. Debes intentarlo, y seguir intentándolo buscando nuevas vías o fórmulas para conseguirlo.

Formación y experiencia

Se entiende como formación cualquier actividad que te eduque, prepare o desarrolle como persona y como profesional, con independencia de la modalidad que sea: cursos, seminarios, congresos, conferencias, etc.

"El aprendizaje es un simple apéndice de nosotros mismos; dondequiera que estemos, está también nuestro aprendizaje." Shakespeare (1564-1616). Escritor británico.

Cada día las personas están más preparadas y para cualquier puesto se presentan candidatos con mejores aptitudes. La formación te facilita y ayuda a establecer una diferencia, permitiendo más opciones de trabajo. Además, gracias a la formación, se pueden desarrollar los trabajos con una alta profesionalidad, lo cual contribuirá a conservar el puesto conseguido.

Desarrollar una formación continua es básico, bien sea formal (la que establece la ley, con currículo y título oficial) o no formal (actividades educativas en un contexto no escolar). También la formación puede ser informal: la que se aprende en las actividades de la vida cotidiana: trabajo, familia, ocio…

Es frecuente oír a personas que son demasiado mayores para aprender o emprender de nuevo unos estudios. Cualquier edad es buena para seguir formándose, todo es cuestión de interés y entrenamiento.

"Todo aquel que deja de aprender está viejo, ya sea que tenga 20 u 80 años. Quien quiera que siga aprendiendo se mantiene joven. Lo más importante en la vida es mantener nuestra mente joven." Henry Ford (1863-1947). Industrial estadounidense.

Antes de empezar a formarse se precisa información concienzuda sobre la entidad o profesores que la imparten. Hay que sentarse a pensar lo que te gustaría estudiar y lo que te puede venir bien para encontrar trabajo. Después hay que revisar los estudios a los que podemos optar, repasar los planes de estudios, las ofertas de las administraciones y oficinas de formación y empleo, las asociaciones y entidades que ofertan cursos, etc. También existen interesantes cursos directamente relacionados con la búsqueda de empleo.

La duración y el coste de esta formación pueden variar, desde horas hasta años, desde las gratuitas a las muy costosas. Muchas están subvencionadas mediante becas o ayudas totales o parciales.

Los periodos en los que una persona está desempleada son ideales para mejorar la formación y completar estudios. También es un buen momento para colaborar como voluntario o cooperante en alguna asociación o fundación de interés social, donde además de contribuir mediante una labor humanitaria, se podrá adquirir una experiencia que puede llegar a ser vital. Igualmente es ideal aprovechar para formarse cuando se dispone de un trabajo de jornada a tiempo parcial.

La autoformación siguiendo manuales o libros, es muy adecuada para determinados individuos. Deberías dedicar un tiempo previamente establecido, al estudio.

> *"Fórmate tú en vez de esperar a que te formen y modelen."*
> Herbert Spencer (1820-1903). Filósofo y sociólogo británico.

Es fundamental adecuar la formación que cada cual posee a las necesidades del mercado. Junto a la experiencia y las cualidades y aptitudes personales, la formación, es uno de los factores que entran en juego para tener una buena empleabilidad.

Hay personas que no disponen de un título oficial, si bien tienen una gran experiencia práctica en su profesión. Se debe buscar la más reciente legislación al respecto, para tratar de certificar dicha experiencia (en España actualmente, los Certificados de Profesionalidad).

Hoy ya no basta con poseer una titulación o cierta experiencia, el mundo crece y las técnicas y las tecnologías evolucionan. Hay que estar al día de los avances y las nuevas tendencias, actualizar los conocimientos de nuestra profesión para no quedarnos desfasados. Algunos expertos denominan a eso la "obsolescencia de las competencias". Además, el mundo, convertido en una gran *"aldea global"*, cada vez está más intercomunicado. Por ello, lo que estudiemos debe sernos útil en muchos lugares. Hay que comprobar la validez y convalidaciones de los títulos en otros países.

Algunas ideas para una buena y eficaz formación:

- Para aprender es necesario tener intención. No se puede enseñar al que no quiere aprender. La motivación es fundamental.

- Prepárate en aquello que esté relacionado con lo que te gustaría trabajar o con lo que pueda mejorar tu empleabilidad. Márcate grandes objetivos, pero también pequeños y concretos.

- La formación debe ser continua, aunque se intensifique en periodos determinados según las necesidades.

> *"No tarda nueve meses sino sesenta años en formarse un hombre."* André Malraux (1901-1976). Escritor francés.

- Asesórate siempre antes de decidir. Ten presente lo que quieres y la situación del mercado laboral. Prepárate en lo que te guste y más necesidades haya.

- Si no tienes mucha experiencia laboral, apóyate en la formación. Si en tu C.V. se ve que te estás preparando, el que lo lea sabrá que en un tiempo estarás más formado, y apreciará tus inquietudes por aprender.

> *"Aprender es como remar contra corriente: en cuanto se deja, se retrocede."* Britten (1913-76). Compositor inglés.

- Decide dónde formarte según tus intereses, características y condiciones. Valora: el programa, la titulación, los profesores, el precio, los horarios, etc.

- Investiga la oferta de formación en Internet. Existen muchos y buenos cursos on-line (de pago y gratuitos).

- Márcate objetivos de lo que esperas de la formación y plantéalo cuando tengas ocasión. Eso facilitará la tarea del docente y resolverá tus expectativas.

- Desarrolla un aprendizaje significativo, partiendo de lo sabes y relacionándolo con los nuevos conocimientos.

> *"Aprender sin reflexionar es malgastar energía".* Confucio (551-478 a.C.) Filósofo chino.

- Los cursos no son para demostrar nada, sino para aprender más y refrescar o estructurar lo que ya sabes.

- Hay que tratar de integrar los conocimientos adquiridos, en tu vida personal y profesional.

- Estar asociado también puede ayudar a tu formación al permitir un intercambio de experiencias. También es una forma de obligarte a hacer algo.

"Has decidido aprender a nadar. Con esta intención consultas libros y oyes consejos sobre natación, y consigues de este modo ser capaz de reconocer y explicar todas las técnicas natatorias. Pero ¿acaso este esfuerzo habrá hecho de ti un nadador? ¿Acaso el mero conocimiento teórico de las modalidades de natación te confiere un ápice de capacidad natatoria? Evidentemente, la respuesta será un no categórico. Para aprender a nadar, debes meterte en el agua y agitar los brazos y las piernas. La información sobre un método u otro y el conocimiento teórico sin duda pueden ayudar, pero solamente facilitará tu aprendizaje si ejercitas y practicas." Chandra Swami (1950-). Místico hindú.

Aceptación

Aceptar una situación es un acto libre. Es una manera de vivir esa situación siendo consciente de lo que ocurre y por qué estás ahí. En muchos momentos es muy difícil cambiar o mejorar aquello que no te gusta de cuanto te rodea y te afecta. En estos casos, procura ver y vivir las cosas de otro modo.

Intenta cambiar lo que esté en tu mano, lo que no puedas no debe hacerte sentir mal. Optimismo, voluntad, paciencia, fortaleza y humor son aliados para una buena aceptación en momentos difíciles. Somos más camaleónicos de lo que parecemos; empieza por trasformar los malos gestos por sonrisas, eso te ayudará a ti y a los que te rodean.

Esto no quiere decir que si estás sin empleo aceptes cualquier oferta sin reflexionar. Se trata de saber la realidad de donde estás, sin que ello te lleve al desánimo o depresiones inútiles y que, a partir de ahí, vayas escalando hacia mejores situaciones.

Esta actitud te vendrá muy bien para acceder o mantener un puesto de trabajo, aunque diste mucho de lo que crees es lo ideal para ti, o para encajar un despido esperado o no. Aceptar esa situación puede ser una solución o el camino para conseguir superarla. Ahora bien, tú debes ser el primero en tomar la iniciativa para cambiar esa situación, responsabilizándote de tus actos y realizando un intenso trabajo personal.

> Me contó un antiguo compañero que, en tiempos en los que se hacía cierto el dicho de "pasas más hambre que un maestro de escuela", en su primer destino, en un colegio rural, cobraba menos de lo que le costaba la pensión. Al preguntarle de que vivía, me contestó con naturalidad: *"De lo que mandaban mis padres."*

Cuando yo conocí al maestro de la anécdota, ya mayor y a punto de jubilarse, vivía holgadamente junto a su familia. El supo aceptar en su momento, y esperar hasta que la situación le fue más favorable.

Encontrar el momento

En la vida hay momentos para todo: divertirse, pensar, estudiar, comer, descansar... Es fundamental que encontremos el momento ideal para sacar lo mejor que llevamos dentro y hacer la tarea a la que nos entregamos con la mayor eficacia y con los mejores resultados.

> *"Siempre es el momento apropiado para hacer lo que es correcto."* Martin Luther King (1929-68). Pastor de EE.UU.

Pero no podemos estar siempre esperando a que llegue nuestro mejor momento. Hay que empezar por crear las circunstancias favorables. Como dice el refrán, "no dejes para mañana los que puedes hacer hoy". Un día en el que no se hace nada para buscar empleo, es un día perdido para lograr el éxito. Si hay circunstancias que te impiden empezar de una forma completa, comienza con algo, por mínimo que te parezca. Es una forma de arrancar y poner en marcha la maquinaria personal que necesitas: prepara el lugar para estudiar, invierte unas horas fijas a consultar en Internet, dedica un día a la semana a visitar a personas que te puedan ayudar, etc.

Encuentra también el mejor momento cuando se trata de cuestiones que atañen a otras personas, como entregar el currículum, pedir una entrevista o llamar para que te den información. Está claro que uno no se puede presentar en cualquier instante esperando que todo el mundo deje su tarea y te atienda. No trates de hablar con alguien cuando es la hora de salir o ir a desayunar, ni cuando vuelvas todo sudoroso del gimnasio o sin haber preparado el tema o saber lo que quieres decir.

Caminos a seguir

-¿Quieres decirme, por favor, qué camino debo tomar para salir de aquí?

-Eso depende mucho de a dónde quieres ir - respondió el Gato.

-Poco me preocupa a dónde ir - dijo Alicia.

-Entonces, poco importa el camino que tomes - replicó el Gato.

De *Alicia en el País de las Maravillas*. Lewis Carroll (1832-98). Escritor inglés.

En la vida, en general, se nos presentan dificultades que no siempre son fáciles de resolver. Cada uno deber marcarse el camino a seguir, es decir, el proceso que piensas realizar para conseguir el objetivo deseado. Indudablemente, para llegar a esa meta, cada persona puede hacerlo por caminos diferentes. No faltarán los que vean con claridad (desde su punto de vista) los recorridos que otros tendrían que seguir. Y es que, a veces, es más fácil ver las cosas desde fuera que cuando se está inmerso en un problema. Por eso siempre es bueno escuchar la opinión de los demás.

"A menudo encontramos nuestro destino por los caminos que tomamos para evitarlo." Jean de la Fontaine (1621-1695). Escritor y poeta francés.

El camino a seguir en dirección hacia el destino programado, supone un desafío diario, al que nos tenemos que enfrentar con una buena preparación, confianza, alegría, valor... Si buscas empleo, piensas ir a una entrevista, pretendes realizar un currículum, quieres estudiar, cambiar de empleo, etc., deberás que tener claro el recorrido, que necesitas efectuar para alcanzarlo. Dependiendo de cada caso necesitarás: información, preparación, dedicación, reflexión...

El camino laboral puede tener muchas opciones y todas te pueden atraer y encajar contigo. No es necesario que inicialmente te quedes con una y rechaces las demás. Hay que tomar una decisión sólo después de meditada y reflexionada durante un tiempo. Una decisión que siempre será la correcta si hiciste bien el trabajo previo, por lo que nunca debes lamentarte si en su momento hiciste lo que considerabas mejor. Tomar una decisión deslumbrado por factores puntuales y no por una visión de conjunto puede llevarte a una decepción. Aunque siempre son buenos los consejos y ayudas externas de familiares, amigos o profesionales, debes tener en cuenta que la última palabra la debes decir tú.

A veces nos rompemos la cabeza pensando cual de los dos o tres caminos (opciones de trabajo, por ejemplo) es el mejor. Con el tiempo descubres que todos te pueden llevar a un mismo destino.

> Empecé a trabajar para un Ayuntamiento junto a un joven equipo de unas doce personas. Pasado un tiempo a muchos de nosotros nos llamaron como interinos para el Ministerio de Educación. Era un gran dilema, decidir entre seguir o marcharse. Había que valorar muchas cosas: contratos, sueldo, futuro, destino, etc. Parecía que nadie tenía claro cual era el camino acertado que conduciría al mejor trabajo. Finalmente algunos se marcharon, otros nos quedamos, incluso hubo quien abandonó ante alguna otra oferta más suculenta.

> Tres años después, todos acabamos trabajando para el mismo organismo.

Dificultades y trabas

Una dificultad es un inconveniente, oposición o contrariedad que no nos permite lograr, ejecutar o entender algo. Una traba es la acción de impedir que algo se desarrolle o desenvuelva correctamente.

Las trabas y las dificultades son producto de la acción. El que se queda tumbado en la cama se encuentra muy pocas. El conocimiento de la situación permitirá advertir y delimitar con precisión esos contratiempos y de esta forma resultará más fácil hacerles frente.

Debes asumir tus responsabilidades y aprender a enfrentarte a esas trabas y dificultades que se nos vienen encima cada día. Muchas son las cosas que nos pueden ayudar a superar estas barreras, como el sentido de lucha, insistir, el buen humor, estar bien formado e informado o una buena organización. Hay que buscar soluciones y seguir adelante, firme en el camino establecido, en dirección hacia el objetivo deseado.

> *"No tenía miedo a las dificultades: lo que la asustaba era la obligación de tener que escoger un camino. Escoger un camino significa abandonar otros."* Paulo Coelho (1947-). Escritor brasileño.

Ciertos sectores de la población pueden encontrar especiales dificultades para conseguir un trabajo: sexo femenino, inmigrantes, discapacitados, personas de determinado tramo de edades (jóvenes o maduros), perteneciente a etnias, etc. No hay que permitir que esas trabas te desanimen o te acobarden; es algo con lo que hay que contar, sabiendo que las cosas pueden no ser fáciles. Pero con todo, debes salvar las barreras y superar de la mejor manera las adversidades. A veces la solución está donde no te imaginas. La constancia es algo muy valorado por todos y que suele dar buenos frutos.

Originalidad

La originalidad es la capacidad que tienen las personas para crear ideas y/o productos únicos, diferentes a lo existente o que no se le han ocurrido antes a nadie. Está muy relacionada con el concepto de evolución, con la idea de generar cosas novedosas, con descubrimientos, creaciones o inventos. Una base desde donde llevar a cabo nuevas realidades.

En todo lo relacionado con la búsqueda de empleo es muy bueno ser original, hacer algo diferente al resto, dentro de unos parámetros que resulten atractivos para los demás y no produzcan rechazo.

> *"Cada vez que se encuentre usted del lado de la mayoría, es tiempo de hacer una pausa y reflexionar."* Mark Twain (1835-1910). Escritor estadounidense.

Cuando tengas que presentar una carta, hacer un currículum, preparar una entrevista... pon a funcionar tu imaginación y busca la novedad, algo inédito y singular. La misma información se puede contar y presentar de muchas formas diferentes. Prepara algo que pueda llamar la atención del receptor, algo que sirva para que hablen de ello y te recuerden. Hay que hacer lo que algunos llaman "reinventarse". Ahora bien, cuida de que demasiada originalidad y creatividad no cause rechazo o que no se entienda el mensaje que pretendes dar. Siempre debes tener en cuenta el destinatario, hay personas mayores muy convencionales y apegadas a las costumbres tradicionales y a la normalidad. Por intentar ser original no caigas en hacer algo tan informal que suponga la burla y el descrédito de los demás.

> *"Si lo puedes imaginar, lo puedes hacer".* Walt Disney (1901-66). Creador de cine de animación estadounidense.

Esto no quiere decir que haya que hacer siempre cosas diferentes. En ocasiones, imitar una buena acción es una forma de aprender y una garantía de éxito (una cosa es imitar y otra copiar). Es bueno que, sobre el asunto que estemos tratando, veamos lo que otros hicieron antes. Eso siempre nos servirá de ejemplo y nos dará ideas. Cuando imites debes poner tu estilo o sello de identidad, algo distinto que personalice tu proyecto.

> *"Si te dan un papel pautado, escribe por detrás."* Juan Ramón Jiménez (1881-1958). Escritor y poeta español.

La originalidad, como la creatividad, se puede trabajar y estimular, no como un propósito en sí, sino como una forma de sincera expresión. Si quieres mejorar esta faceta humana trata de cambiar las rutinas diarias, incluidos comportamientos y hábitos de conducta. Busca nuevas formas de respuestas y soluciones a problemas cotidianos, realiza actividades diferentes, reflexiona frecuentemente sobre cómo afrontar las tareas y valora los resultados. Puedes pedir ayuda y opinión a otras personas. Participar en concursos y actividades relacionadas con la creación te obliga a practicar y dar rienda suelta a tu imaginación, con inventiva e ingenio.

No te desanimes si ves que a otros se les ha ocurrido lo mismo que a ti o que han copiado tus ideas, eso puede ser garantía de que lo que estás haciendo va por buen camino.

> Una pareja de novios, aprovechando un trascendental encuentro de fútbol, decidieron ir a cenar a uno de los restaurantes de moda de la ciudad. Pensaron que, como todo el mundo estaría frente a sus televisores, era la oportunidad para encontrar una mesa y degustar suculentos platos sin agobios y con intimidad.

> Cuando llegaron al restaurante, una larga cola rodeaba toda la manzana. Su idea no había sido muy original ya que fueron muchos los que pensa-

ron lo mismo. Además desconocían que el restaurante lanzó una oferta para evitar que con el partido se quedaran sin clientes.

Las habilidades sociales

Las habilidades sociales son una serie de conductas, de hábitos o estilos (incluidos pensamientos y emociones), que son aprendidas y socialmente aceptadas, que nos permiten mejorar las relaciones interpersonales, con el fin de sentirnos bien, lograr lo que queremos y conseguir que los demás no nos impidan cumplir nuestros objetivos. Es una forma de obtener de nuestras relaciones con los demás, un máximo de beneficios y un mínimo de consecuencias negativas.

Es evidente que el individuo que posee unas buenas habilidades sociales tiene una mejor capacidad para alcanzar las aspiraciones que pretende sin perjudicar a las personas de su entorno. Para ello es necesario el conocimiento y la práctica de las normas de convivencia socialmente aceptadas. Mediante una mejora de esta faceta se puede favorecer nuestro autoconcepto y autoestima, la interacción social, la comunicación, disminuir el estrés y la ansiedad u otros asuntos sociales.

> *"Persona quiere decir personas. La personalidad se constituye en convivencia."* Julián Marías (1914-2005). Filósofo español.

Un déficit en las habilidades sociales puede conllevar a un desajuste psicológico y una falta de eficacia en la resolución de conflictos. El poseer buenas habilidades sociales influye positivamente en cuestiones como el rendimiento académico, la aceptación social y la popularidad, las relaciones familiares y laborales, la mejora de la autoestima, la búsqueda de empleo e, incluso, el encontrar un trabajo.

Si quieres mantener una buena red social de amigos o integrarte en un nuevo grupo, aprender a decir que no sin que la relación se vea afectada, conservar un trabajo, saber cómo actuar en una entrevista, etc., es necesario ejercitar las habilidades sociales. Aunque hay personas que piensan que la simpatía y el atractivo social es algo innato, es evidente que las habilidades sociales pueden ser entrenadas. Para ello hay que trabajar, mediante el estudio y la práctica, diferentes aspectos como la asertividad (capacidad de reclamar lo propio y hacerse respetar), la empatía (ponerse en el lugar de los demás), la comunicación no verbal, la planificación, fijarse objetivos y metas, la resolución de conflictos, etc. Procura ser más tolerante y repasar tu posición sobre los prejuicios sociales. No opines y menos critiques a los demás sin conocer bien todos los hechos.

Todas las personas se merecen un respeto. Trátales con buenas maneras, tal y como te gustaría que te tratasen a ti.

> *"No hagas a los demás lo que no quieras que te hagan a ti."* Elio Lampridio (s. III). Escritor latino.

Analiza el grado de habilidades sociales que posees e intenta mejorarlas. Si después de un tiempo crees que tienes dificultades para ello, busca ayuda: lee libros, participa en algún curso o acude a un especialista.

Tener buenas habilidades sociales no significa dejar que los demás hagan o digan lo que quieran. Tú tienes derecho a exponer tus ideas, a intervenir, a pedir ayuda, a negarte a colaborar con algo, a equivocarte… Eso sí, hay que saber cómo y cuándo hacerlo.

CONOCERSE A SÍ MISMO

Desde la antigüedad se considera de gran importancia el conocimiento consciente de la propia realidad personal, tanto exterior como interior, a fin de saber como somos y alcanzar lo que pretendemos.

"Conócete a ti mismo", es una frase atribuida a varios filósofos griegos de la antigüedad, entre ellos a Sócrates, que estaba inscrita en el templo de Apolo en Delfos, con un sentido sujeto a interpretaciones.

El conocerse a sí mismo ayuda a comprender mejor a los demás y esto, a su vez, favorece nuevamente el autoconocimiento.

Una parte importante sobre nuestro conocimiento personal es saber nuestras limitaciones y debilidades. Eso nos permite buscar el mejor camino que nos conduzca hacia nuestros intereses, ofreciéndonos la posibilidad de intentar mejorar ciertos aspectos o poner freno atajando aquello que pensamos no nos favorece.

> *"Cuando veas un hombre bueno, trata de imitarlo; cuando veas a un hombre malo, examínate a ti mismo."* Confucio (551 a.C.-478 a.C.). Filósofo chino.

Conocerse a sí mismo es algo fundamental para saber lo que realmente se quiere en la vida y como consecuencia los objetivos respecto al mundo laboral, evitando caer en irrealidades y falsas expectativas. Conocerse es saber cómo somos y cómo actuamos o podemos actuar ante determinadas situaciones y circunstancias. Si sabes cuales son tus virtudes y tus defectos, podrás potenciar los primeros e intentar cambiar los segundos, consiguiendo una conciencia positiva y realista que te dará más seguridad y confianza. Saber quién eres, lo que quieres, cómo te valoras, hacia dónde te quieres dirigir, con qué medios materiales o humanos cuentas, son cuestiones que tienes que definir para completar el conocimiento propio, lo que te facilitará buscar trabajos que se adapten más a ti y te llevará a cumplir con tus metas soñadas.

Si deseamos celebrar una fiesta lo primero será pensar en ella y organizarla mediante una planificación, ajustándonos al presupuesto contrataremos el lugar, adornaremos el local, compraremos comida y bebida, realizaremos la lista de invitados, programaremos juegos… y en todo momento, controlaremos que las cosas se vayan desarrollando conforme a lo pensado. Conocerse a sí mismo es como organizar una fiesta; aunque en este caso, la fiesta somos nosotros.

"Yo no sé quién fue mi abuelo; me importa mucho más saber qué será su nieto." Abraham Lincoln (1808-1865). Político y presidente estadounidense.

Debes reflexionar sobre tus propios aspectos personales si quieres llegar a ese autoconocimento, incluso es bueno que los escribas contestándote a una serie de preguntas, como por ejemplo:

• *Personalidad*: soy…, afronto las situaciones…, difiero de los demás en…

- *Capacidades y aptitudes*: soy capaz de…, lo que mejor hago…, mis mejores materias…, puedo aprender a…

- *Valores*: lo mejor de mí es…, lo que más valoran de mí los demás…, las cosas importantes de la vida…

- *Intereses profesionales*: lo que más me gusta en la vida es…, mi trabajo ideal sería…, lo que estaría dispuesto a hacer para trabajar en…

> *"Es mucho más importante que te conozcas a ti mismo que darte a conocer a los demás."* Séneca (2- 65 a .C.). Filósofo latino.

Para aclararte en este punto, haz un repaso a tu vida, a las cosas que te gustan, a tus experiencias, formación, objetivos, amigos y personas que siempre te han ayudado. Piensa cuales son tus prioridades y a lo que estás y no estás dispuesto.

Conocerse a si mismo es calibrar todas y cada una de las cuestiones que se adaptan mejor a nosotros y nos forman como persona: capacidades, defectos, objetivos, competencias, habilidades, conocimientos… Es fundamental que conozcas tus puntos fuertes y débiles, sabiendo controlar las emociones. A ello te pueden ayudar mucho las personas que te conocen. No solo hay que ser conscientes de lo que somos, también de lo que no somos o no sabemos; pero, eso sí, con disposición para aprender y mejorar (crecimiento personal). Meditar sobre nuestros defectos, además de proporcionarnos una imagen real de nosotros, puede servirnos para ayudar a luchar por superarlos.

> *"La mayor sabiduría que existe es conocerse a uno mismo"*. Galileo Galilei (1564-1642). Filósofo y hombre de ciencia italiano.

En Internet existen numerosos test gratuitos sobre personalidad que te pueden guiar a conocerte mejor: intereses, valores, prioridades...

El autoconocimiento no se trata de una percepción parcial sobre alguna de las facetas personales que poseemos, sino de un conocimiento total e integral. Con base a él y a nuestros pensamientos, podemos establecer relaciones y códigos de convivencia entre unos individuos y otros y, de manera extensiva, con la sociedad en general. Hay que empezar por buscar la manera de comunicarnos con nosotros mismos antes de hacerlo con los demás. Esa forma en la que nos autorelacionamos condiciona la manera de entendernos con otras personas y ayuda a enfrentarnos a situaciones o retos que nos encontramos en nuestras vidas cotidianas.

La realidad de desempleo forzoso nos tiene que servir para hacernos más fuertes, conocernos mejor, nuestras posibilidades y limitaciones, los valores que defendemos, las personas que queremos y nos quieren...

Conocerse a si mismo ofrece una oportunidad de lograr algo con éxito, aun existiendo un desconocimiento de cuestiones que nos rodean. Es algo fundamental cuando te relacionas con otras personas, especialmente al tratar asuntos como una negociación.

> *"Si conoces a los demás y te conoces a ti mismo, ni en cien batallas correrás peligro; si no conoces a los demás, pero te conoces a ti mismo, perderás una batalla y ganarás otra; si no conoces a los demás ni te conoces a ti mismo, correrás peligro en cada batalla."* Sun Tzu. El Arte de la Guerra (capítulo III).

Hay que aprovechar el momento y dedicar los periodos sin trabajo, para hacer otras cosas que siempre has querido llevar a cabo, sin descuidar la búsqueda de empleo. Puedes dar un giro a la actividad profesional y hacer que tus aficiones lleguen a convertirse en un trabajo con el que ganarte la vida.

"Dichoso aquel que mantiene una profesión que coincide con su afición." George Bernard Shaw (1856-1950). Escritor irlandés.

La búsqueda de empleo está íntimamente relacionada con el estado de ánimo y las emociones; por ello que hay que trabajar estos aspectos. Participa en cursos de meditación, yoga, relajación... Las emociones afectan al cuerpo y a la mente y por lo tanto, al comportamiento y a la forma de actuar. Las emociones juegan un importante papel en nuestra vida, nos motivan, contribuyen a informarnos, permiten adaptarnos o nos facilitan las relaciones sociales. Para un mayor control y mejora de tus emociones puedes buscar ayuda en material especializado o en cursos sobre el tema. Las competencias que forman *la inteligencia emocional* contribuyen a nuestro conocimiento y crecimiento: la conciencia emocional, la regulación emocional o autocontrol, la automotivación, la competencia social y las habilidades para la vida o bienestar social.

"No me gusta el trabajo, a nadie le gusta; pero me gusta que, en el trabajo, tenga la ocasión de descubrirme a mí mismo." J. Conrad (1857-1924). Novelista británico.

Conocerte a ti mismo puede conducirte al camino de la felicidad. Debes trabajar el aceptarte tal y como eres. Y si no te convence lo que ves, intenta modificarlo, ya que siempre se puede conseguir algo de lo que deseas, empezando por pequeños cambios.

El autoconcepto y la autoestima

El autoconcepto es la idea global más o menos precisa que cada persona va adquiriendo sobre sí misma, como asimilación de sus interacciones con aquellos que le rodean. Se trata de un conjunto integrado de factores o actitudes relativos al yo: pensamientos, sentimientos y comportamientos o conductas. En función de lo que cada persona cree de sí mismo y siente sobre sí mismo (aunque no se ajuste a la realidad), así se comportará.

Para trabajar el autoconcepto hay que hacerlo en relación a lo social, físico, emocional, académico y laboral. La realidad debe modificarse con la experiencia, una experiencia que puede ser transmitida por personas de su entorno que le ofrezcan confianza.

Igualmente se llama autoimagen a la representación cognitiva que cada persona se hace sobre sí misma; es como cada individuo se ve a sí mismo.

La autoestima o autoevaluación es la aplicación de un juicio de valor al autoconcepto; ambos conceptos son complementarios. Es la medida que tiene cada persona para aprobarse y aceptarse a sí misma, considerándose digna de elogio, bien sea de manera absoluta o comparándose con otros. Se trata de una faceta muy importante ya que mediante su proceso el individuo examina sus actos, sus capacidades y atributos en comparación a sus criterios y valores personales que ha interiorizado a partir de la sociedad y de su entorno.

> *"La autoestima es la clave para comprendernos y comprender a los demás."* Nathaniel Branden (1930-). Psicoterapeuta canadiense.

La autoestima se puede tener baja o alta. La primera te lleva abocado al fracaso y a la frustración, ya que el individuo que se siente así siempre ve obstáculos y es incapaz de asumir responsabilidades o ciertos trabajos, un comportamiento que le afectará muy negativamente (miedos, inseguiridad); ello le llevará a que los demás tampoco confíen en él. La segunda, todo lo contrario, producirá un efecto muy positivo conducente al éxito.

Por lo tanto, el éxito o el fracaso dependen en gran medida de la confianza que tú tengas en ti mismo. Evidentemente las experiencias van forjando tu autoestima, a mejor o peor, según la seguridad que vayas adquiriendo. Si una persona consigue que le llamen de varias ofertas de trabajo a las que se presentó, se sentirá satisfecha y su autoestima subirá, mientras que si otra no consigue sus aspiraciones, se sentirá descontenta y su autoestima bajará. A medida que las experiencias vayan siendo positivas, la confianza en uno mismo aumentará y con ello mejorará la autoestima.

"La autoestima no es un pecado tan vil como el desprecio de uno mismo." W. Shakespeare (1564-1616).

Debes intentar que tu autoestima sea alta, eso te permitirá lanzarte con mayor entusiasmo a cualquier proyecto, lo cual aumenta las posibilidades de éxito. La autoestima se aprende durante toda la vida, pudiendo ser modificada y mejorada. Para ello debes empezar por rodearte de personas positivas que sepan y te digan las cosas buenas que tienes. Tienes que aprender a quererte y a valorarte como persona. Procura marcarte pequeños objetivos a corto plazo, capaces de ser cumplidos con eficacia, y poco a poco emprender otros más complejos, dándote un mayor tiempo de ejecución. Es fundamental que trabajes con motivación esos aspectos.

También una autoestima excesivamente alta puede ser negativa. Tener una visión no ajustada a la realidad, sobre todo cuando no se consigue lo que se quiere, puede conducir al desánimo o a pensar que todo el mundo se equivoca.

Conocer estos conceptos en general y aplicarlos a tu propia realidad puede serte de gran ayuda en tu búsqueda de empleo. Así podrás determinar tu propio valor y ponerlo en relación a un puesto al que optes. Hay que empezar por creer en uno mismo para que los demás depositen su confianza en ti.

> *"Sólo hay un rincón del universo que usted puede estar seguro de mejorar: usted mismo."* Aldous Huxley (1864-1963). Escritor estadounidense.

Reconocer las cosas importantes

Aprender a reconocer las cosas importantes es una tarea para toda la vida. Saber identificarlas es una prueba de madurez, inteligencia y honradez. Cumplir con esta tarea, puede ayudarte a conocerte mejor y a saber las personas y cosas que más te gustan y las que quieres, las que aceptas con plena consciencia después de haberlo pensado y reflexionado. Hay que excluir lo que admitimos porque sí, sin meditar, y las que aprobamos de manera preconcebida o prejuiciosa.

De esta forma, sabiendo sobre esas cuestiones y gracias a esa reflexión comentada, comprenderemos mejor nuestros pensamientos, reacciones, respuestas, valores, emociones y creencias. Todo ello nos puede ayudar al autoconocimiento y a saber verdaderamente lo que queremos, lo que estamos dispuestos a aceptar y por donde buscar. Por ejemplo, a una persona con fuertes valores morales le costaría mucho trabajar para una empresa donde se oferten artículos que no son de primera necesidad, teniendo que convencer a personas cuya economía no es muy boyante.

> *"La capacidad de concentrarse en las cosas importantes es una de las características determinantes de la inteligencia."*
> Schiller (1759-1805). Escritor alemán.

Es interesante que escribas en tu "cuaderno de trabajo", las cosas que consideras importantes, las reflexiones y las conclusiones. Repite este proceso periódicamente y compara los registros efectuados.

Plantéate preguntas que te lleven a saber más de ti de cara a alcanzar tus metas, del tipo: ¿Qué hago a diario por las personas que quiero? ¿Cómo cuido mi cuerpo y mi mente? ¿Cuáles son los últimos objetivos cumplidos? ¿Qué cosas me hacen sentir bien? ¿Qué personas creo que me quieren? ¿De qué te sientes más orgulloso? ¿Qué estoy dispuesto a defender? ¿Qué no voy a tolerar nunca? ¿Por qué quiero trabajar?

También es bueno que comentes este tema con otras personas de tu confianza y que valoras. Ellas te ayudarán a definir las realidades que para ti son primordiales, dándote otro punto de vista, ya que las más significativas no siempre son las mismas para todos.

Es muy posible que tras valorar las cosas importantes, aprendas a relativizar más los problemas.

Aislarse

Algunas personas creen que la mejor manera de buscar y/o encontrar el conocimiento de sí mismos es aislarse, apartarse de todo y retirarse a meditar en solitario. Indudablemente es una opción y siempre que no se prolongue excesivamente en el tiempo puede ser positivo. Cada cual ha de buscar su mejor lugar para estar solo, un sitio donde sentirse bien y donde poder sacar lo mejor de sí mismo. Puede ser por ejemplo en una playa, trabajando en el campo, en una habitación escuchando música, practicando un juego o rodeado de animales.

> *"Solo salgo para renovar la necesidad de estar solo."* Lord Byron (1788-1824). Poeta británico.

A pesar de lo dicho, vivimos en sociedad y autoconocerse no es otra cosa que reflexionar y saber las reacciones que tenemos cuando nos relacionamos con todo lo que nos rodea, por lo que aislarse mucho puede dificultar esa vida de relación y convivencia. Estudiando y entendiendo lo que nos rodea, las personas y las cosas, podremos llegar a un mejor conocimiento propio.

La personalidad laboral, las habilidades y el trabajo

Como hemos visto antes, todos deberíamos ser conscientes de nuestras habilidades y capacidades, conociendo tanto nuestros puntos fuertes como los débiles. Lo ideal es tratar de buscar el trabajo que más nos guste, pero hay que comprender y aceptar la realidad y saber que hay puestos que por nuestra formación, experiencia, o disponibilidad difícilmente podremos alcanzar. Por mucho que yo quiera trabajar de médico, si sólo tengo estudios primarios lo tendría especialmente difícil.. Medita sobre lo que puedes ofrecer y relaciónalo con el puesto de trabajo que te gustaría desempeñar.

Debes pensar que no eres uno más, que eres un profesional con unas características propias, capaz de desarrollar determinadas tareas conforme a tu propia personalidad. Marcar la diferencia puede llevarte a que los demás te vean como alguien necesario para determinado puesto. Demuestra lo que vales y hazlo siempre con alegría.

> *"Cuando el trabajo no constituye una diversión, hay que trabajar lo indecible para divertirse."* Enrique Jardiel Poncela (1901-1952). Escritor español.

Uno de los términos que más se está usando en ámbitos laborales y de orientación es el de *competencia*. Éstas son producto de las capacidades personales mediante un proceso de aprendizaje, integra parte del conocimiento, de las destrezas y de las actitudes. Cuando nos refcrimos a competencia profesional hacemos referencia al conjunto de capacidades, conocimientos, actitudes, habilidades y destrezas que son necesarias para poder realizar con pericia, eficacia y calidad un determinado trabajo.

Haz una lista sobre tus puntos fuertes respecto a la faceta laboral y añade tus preferencias a la hora de trabajar. Escribe también las cosas que debes tener en cuenta, por estar a tu favor o en tu contra (pon ejemplos). No se trata de hacer juicios sobre determinados aspectos, sino de saber las cosas que tienes y te pueden ayudar:

- Cualidades que posees y puedes ofrecer:

    - Favorables: memoria, buena letra, fuerza, idiomas, honrado, sociable…

    - En contra: falta de concentración, impuntualidad, fumador, tímido…

- Lo que quieres o esperas del trabajo y lo que no:

  - Quiero: proximidad domiciliaria, sueldo por encima de x euros, compañeros...

  - No quiero: viajar, trabajar fines de semana, estar en una oficina...

- Lo que estás dispuesto a aceptar y aquello que no:

  - No acepto: cambiar de residencia, dinero negro, limpiar la oficina...

  - Acepto: viajar, trabajar algún fin de semana al año...

Es recomendable que los resultados de esta reflexión personal, sea cotejada con personas más o menos allegadas. Los resultados obtenidos, tanto los propios como los ajenos, podrán darte una idea más real de tu personalidad laboral. A partir de ahí el objetivo será buscar los trabajos que más se adapten a ti.

> *"El verdadero buscador crece y aprende, y descubre que siempre es el principal responsable de lo que sucede."* Jorge Bucay (1949-). Escritor argentino.

Si a la vista de los resultados crees que puedes valer para un trabajo pero careces de formación o hay aspectos de tu personalidad que no te ayudan, debes tratar de prepararte, formarte y trabajar esos aspectos para que no sean un handicap para ti.

Igualmente es importante entrar en contacto con empresas del ramo en el que te gustaría trabajar. Infórmate, pregunta, ellos te pueden ayudar a saber cuales son aquellas cuestiones que más necesitas y cuales son sus intereses. Si ves que careces de algo que buscan, tendrás que reconducir tus intereses y expectativas o prepararte para poder ofrecer lo que ellos demandan.

Es frecuente oír o leer que para ser feliz el trabajo debe adaptarse a ti y no adaptarte tú al trabajo, lo cual puede conducirte a la infelicidad. Personalmente no estoy muy de acuerdo con esta afirmación, creo que trabajo y trabajador deben adaptarse, acoplarse y aceptarse mutuamente, así el éxito será más fácil para ambas partes.

> *"El trabajo ayuda siempre, puesto que trabajar no es realizar lo que uno imaginaba, sino descubrir lo que uno tiene dentro."* B. L. Pasternak (1890-1960). Escritor ruso.

La vocación

Aunque se parte de un significado más amplio, relacionado con preguntas sobre el sentido de cuestiones que nos atañen a nuestras vidas (las típicas de ¿quién soy?, ¿de dónde vengo? y ¿a dónde voy?), se entiende comúnmente la vocación como la inclinación natural o de aptitud para hacer algo, como una profesión o estudios. El gran dilema de muchos expertos en el tema es si la vocación se hace o nace.

Está muy relacionado con los intereses personales, que son las motivaciones para llevar a cabo actividades o trabajos placenteros, que te gustan y te permiten crecer. A veces, estos trabajos, conocidos y observados en otros a los que se les aprecia (padre, amigos…), llegan a ser idealizados, por lo que hay que tener mucho cuidado, reflexionando sinceramente sobre las verdaderas razones del interés de ese trabajo.

Mientras mejor te conozcas, cómo eres y qué quieres, más facilidad tendrás de encontrar el empleo soñado o al menos, el que más se aproxime a él.

En ocasiones, algunas personas se alejan de su verdadera vocación por falta de estímulo, consejos poco acertados de familiares, profesores o amigos, necesidad de conseguir dinero rápido... y sobre todo por valorar las posibilidades futuras de inserción laboral.

> *"A veces la vocación no va en el sentido de las dotes, a veces va francamente en contra."* José Ortega y Gasset (1883-1955). Filósofo y ensayista español.

Si consigues descubrir tu verdadera vocación y te dedicas a ella, será más fácil que llegues a ser un buen profesional, haciendo bien tu labor y dando respuesta con eficacia a las necesidades de quien te contrata. Para ello debes conocer la profesión, reflexionar sobre el trabajo, asumir los compromisos, y autoevaluarte.

Los *test vocacionales* son herramientas que pueden ayudarte a conocerte mejor o a hacerte cambiar ideas desacertadas, facilitándote conseguir un trabajo más acorde con lo que quieres y con lo que buscas. Con ellos podrás detectar detalles vocacionales sobre ti, basados en la personalidad, interés, cualificación y habilidades; esto es, actitudes, aptitudes, valores, preferencias, capacidades, etc.

Hay que responder a los test con honestidad y sinceridad, diciendo siempre la verdad. Pueden ser un tanto subjetivos ya que la información en la que se basan para dar el resultado es la que tú proporcionas. Son una ayuda más, pero no son infalibles ni tienen el 100% de efectividad, por lo que no deben constituir un pilar exclusivo ni la única herramienta en la que hay que confiar y fundamentar el éxito o fracaso de nuestras acciones en la búsqueda de empleo.

> *"Cuando Sócrates declaró que una vida sin reflexión no merecía la pena ser vivida, abogaba por la evaluación per-*

sonal constante y el esfuerzo por mejorarse a sí mismo como la más alta de las vocaciones." Lou Marinoff (1951-). Filósofo canadiense.

En libros, revistas o en páginas en Internet puedes encontrar ejemplos de test. Debes localizar los que no estén desfasados y sean actuales

Antes de emprender otras acciones, como completar tu currículum vitae, reflexiona sobre una serie de preguntas, ejemplo de las que te puedes encontrar en algunos de los test comentados: ¿Deseas trabajar sólo o con otras personas? ¿Te gustan más los trabajos sedentarios o los activos? ¿Prefieres un sueldo fijo y estable o uno variable donde se reconozca tu implicación, esfuerzo y productividad? ¿Dirigir o que te dirijan? ¿Cuál sería tu horario ideal?

La orientación

Por orientación se entiende una actividad organizada y encaminada a conseguir unos objetivos propuestos. En la actualidad la orientación se centra en ámbitos distintos, como el escolar, el personal o el profesional. Especialistas en la materia (psicopedagogos, psicólogos…), mediante una técnica de asesoramiento, tratan de ayudar a las personas que les consultan sobre temas de estudio, de índole personal o profesional (en base al conocimiento del individuo y su contexto).

Consultar a un orientador puede ser muy útil para ayudarte a que te conozcas mejor, para que corrijas ciertos problemas (dimensión terapéutica) o para el asesoramiento profesional, dándote una información precisa y ayudándote a tu elección vocacional. De esta forma, podrás saber cual puede ser la profesión que más se ajusta a tus características y capacidades, esto

125

es, a encontrar tu *personalidad laboral.* Conociéndote mejor y valorando las ventajas y desventajas de las opciones que tengas te resultará más fácil encontrar el empleo con el que te puedas sentir más satisfecho. Y es que cuando no se es consciente de lo que somos, ni de lo que se quiere, es mucho más difícil buscar trabajo.

> *"No se puede iniciar una travesía sin conocer el destino y sin contar con los mapas y la orientación para llegar a él por el mejor camino."* Marina Müller. Psicopedagoga salvadoreña.

Así, mediante la orientación o educación vocacional, podrás descubrir tu don personal y elegir adecuadamente una profesión, algo que, normalmente, incidirá en el autoconcepto y la autoestima y por lo tanto, marcará tu estilo y forma de vida.

Existen servicios gratuitos, tanto públicos como privados (asociaciones, ONGs, etc.), que pueden ayudarte a tu orientación. También puedes consultar en libros o en páginas de Internet.

DARTE A CONOCER A LOS DEMÁS

Después de que hayas reflexionado sobre ti mismo, debes dar un paso más con la intención de darte a conocer a los demás. Pero recuerda que hay muchas formas de hacer que los demás sepan o hablen de ti y tú debes ir más allá, buscando lo más trascendente y admirable de tu vida como persona y como profesional (a veces lo anecdótico eclipsa lo verdaderamente importante).

> *"Fama es que te conozcan todos. Prestigio, sólo los que te importan."* G. K. Chesterton (1874-1936). Escritor británico.

Son muchas las formas que existen hoy en día para que se te conozca personal y profesionalmente, con el fin de conseguir un empleo. Formas que, como es normal dentro de la sociedad en la que vivimos, están en continuo cambio. Y no se trata de rechazar unas, tal vez más tradicionales o anticuadas, y de elegir otras, más acordes a los nuevos tiempos; todas son válidas si nos llevan a conseguir el objetivo deseado.

Internet se ha convertido en un recurso fundamental para este fin. En páginas relacionadas con el mundo laboral podrás, por ejemplo:

• Rellenar tu currículum dentro de la propia página de la empresa demandante.

- Entrar en la página (a veces hay que inscribirse) y rellenar un formulario tipo.

- Enviar un e-mail a la empresa de selección o equipo de Recursos Humanos.

Pero también perduran y siguen vigentes viejos recursos que pueden darte resultados exitosos, como:

- Acudir personalmente a la empresa.

- Contactar por vía telefónica.

- Enviar y recibir la información por correo postal.

Estas últimas opciones son interesantes siempre que no exijan un gran esfuerzo de desplazamiento, un gasto excesivo (sellos, fotocopias, transporte…), si tenemos seguridad de que nos van a atender, si queremos conocer o que nos conozcan personalmente, etc.

Utiliza todos los medios para darte a conocer y contactar con quien te interese, bien sean personas concretas o empresas en general: personalmente, correo postal o electrónico, teléfono, fax, video-cámara, etc.

> *"Si la única cosa que utilizas es un martillo, pensarás que toda cosa que se te presente se parecerá a un clavo".* Mark Twain (1835-1910). Escritor estadounidense.

Es bueno que conozcas donde buscan los que necesitan empleados para poder ofrecerte a través de esos canales: en la propia empresa (a veces cuentan con base de datos propia), comunicaciones digitales, anuncios especializados, centros de formación, bolsas de trabajo…

Saber cómo darte a conocer a los demás es el primer paso antes de buscar y decidir a qué puerta llamar.

Venderte como producto

En la sociedad de consumo en que nos encontramos, donde todo se compra y se vende, se ha llegado al punto de ser vistos ante determinados ojos como simples mercancías, algo que a muchos se nos hace difícil por muy incalculable que sea el precio del producto. Actualmente se está extendiendo la idea de que para buscar y conseguir un trabajo debes convertirte tanto en un producto como en el empresario o vendedor de ti mismo. Por lo tanto, no se trata sólo de ser una buena marca personal, también hay que saber darla a conocer y venderla, creando una buena estrategia de marketing. Para ello debes tener en cuenta tanto los conocimientos que tengas sobre ti como la situación del mercado.

Para venderte como una marca debes comprobar cómo te perciben los demás. Lo que tú vendes (tú mismo) debe ajustarse a la realidad. Si no sabes nada de coches, no puedes ofrecerte como mecánico.

Se tiene que empezar, no por ser la mejor marca, sino la más difundida, la que más personas conocen y la que mejor se ajusta a lo más buscado por seleccionadores y empresarios. Después llegará el momento de demostrar que realmente eres el mejor y el más competente para el puesto requerido.

> *"Siempre hay que tratar de ser el mejor, pero nunca creerse el mejor".* J. M. Fangio (1911-95). Piloto argentino de Fórmula 1, campeón del mundo.

Se trata de destacar y seducir al comprador. Para ello hay que buscar la manera de captar la atención e interés del seleccionador. Tú debes ser el primero que tienes que creer en el producto que vendes, o sea, en ti.

El conocimiento de ti mismo, el control de las emociones y el prepararte como producto para poder ofrecerte a los demás, es algo fundamental.

Tarjetas de visita o saludo

El origen de las tarjetas de visita está en la Francia del s. XVII, donde eran utilizadas por la burguesía y la clase alta para cumplir con los compromisos sociales. En el s. XIX comenzaron a usarlas en Inglaterra como tarjetas de comercio, una forma de publicidad y de mostrar un mapa de situación del negocio. En EE.UU. fueron utilizadas por la clase media como forma de presentación caballerosa y como constatación de una relación comercial.

Las tarjetas de visita se usan hoy como forma de presentación tanto a nivel particular como comercial. Es una manera sencilla y barata de publicitar aquello que queremos ofrecer. El manejable formato, cómodo para guardar y la fácil lectura de su escueto texto hacen que llegue fácilmente a la persona que se le entrega.

Hay que aprovechar este recurso que, por sus peculiares características, puede ser muy útil. Gracias a las nuevas tecnologías y a los avances en materiales e impresión, las posibilidades creativas son infinitas.

Es recomendable que te hagas unas tarjetas de este tipo donde además de los datos personales, debe quedar muy claro la forma de contactar contigo (dirección, teléfono, móvil, e-mail, etc.) Repártelas a las personas que creas te pueden ayudar a encontrar trabajo.

Busca la originalidad e ingéniatelas para que la tarjeta no termine en la basura. Aprovecha para adjuntarla a un regalo (dentro de un libro, cederrón o caja). Existen tarjeteros muy baratos que, en algún caso especial, puedes regalar colocando tu tarjeta la primera. Mi buen amigo Sebastián, arquitecto y coleccionista de trompos, regala como tarjeta de visita un trompo de madera con sus datos impresos; me cuenta que la idea cumple su objetivo ya que cuando visita los despachos de sus clientes ve en muchos de ellos su tarjeta-trompo, encima de la mesa, muy a mano y a la vista.

También es importante que guardes las tarjetas que te ofrecen contactos, empresas o profesionales. Las puedes pegar en tu "cuaderno de trabajo" o en un tarjetero preparado para ello.

Formulario de solicitud

Los formularios de solicitud, son impresos que, en ocasiones, proporciona la empresa que oferta un puesto de trabajo a quienes deseen formar parte de su plantilla. Suelen pedir datos personales, profesionales y de interés en relación con el trabajo que se ofrece.

Rellénalo con letra buena y clara, ajustándote a las preguntas que plantea. No lo presentes con borrones o tachaduras. Tampoco arrugado o doblado. Si lo crees necesario, escríbelo primero en otro papel hasta que veas que todo está correcto y utiliza los impresos que necesites hasta que completes uno con el que estés satisfecho.

Asegúrate que el formulario llega a su destino. Entrégalo en mano, por correo con acuse de recibo o comunica con el destinatario para confirmar que llegó.

En la actualidad, algunos formularios de solicitud pueden ser rellenados y enviados a través de Internet. En este caso, debes seguir los pasos que se te indican y tener en cuenta lo comentado antes.

> "Nunca sabe un hombre de lo que es capaz hasta que lo intenta." Charles Dickens (1812-1870). Novelista inglés.

Carta de presentación

La carta de presentación es un recurso fundamental para la búsqueda de empleo, que suele responder básicamente a una autopresentación llevada a cabo por iniciativa propia, o a una oferta o petición de trabajo aparecida en algún medio.

Su extensión no debe ocupar mucho más de un folio. Debe tener un buen diseño, respetando márgenes y espacios. Tiene que ser clara y concisa, con un lenguaje respetuoso y positivo. Se puede usar la negrita para destacar alguna palabra o idea clave, pero sin abusar. Debe estar bien redactada y sin faltas de ortografía (usar el diccionario, el corrector de Word o pedir ayuda). La forma de contacto debe quedar muy clara y visual.

> *"Cuantas más cosas digas, menos se acuerda la gente. A menos palabras, mayor provecho"*. François Fénelon (1651-1715). Prelado y escritor francés.

Puede enviarse sola, aunque suele acompañar al currículum vitae u otro documento. Entre los objetivos de la persona que envía la carta destacan:

- Interesar al que la lee, creándole deseo de saber más.

- Exponer sus capacidades personales y profesionales, y las expectativas que tiene.

- Solicitar una entrevista de trabajo o la participación en unas pruebas selectivas.

- Dar la impresión de ser el candidato ideal para el puesto que necesitan.

Tradicionalmente la carta de presentación debe mantener una estructura y seguir unas pautas:

- *Encabezado*: membrete y datos personales. Empresa a quién se dirige: nombre personal (mejor opción, evita que crean que es una carta estándar) o departamento según la convocatoria. Fecha. Saludo inicial de cortesía de tipo: "Muy Sr. mío". Si es el caso, indicar el número de referencia de la oferta.

- *Contenido*: corta presentación como introducción, indicando el motivo por el que se escribe. Exponer brevemente la formación y experiencia, en relación al puesto. Terminar con la solicitud de lo que se pretende (entrevista, participar en proceso de selección…) Haz énfasis en tus capacidades y en lo que puedes aportar.

- *Despedida*: terminar con una fórmula convencional: "sin otro particular y a la espera de sus noticias, atentamente" o "sin más, reciba un cordial saludo".

- *Firma y datos personales de contacto:* con el nombre y apellido, dirección, teléfono (fijo y/o móvil) y e-mail. La firma debe ser a mano (mejor con bolígrafo azul).

Currículum vitae

Currículum Vitae es un término latino que significa, "carrera de vida". Suele simplificarse como *currículum* y aunque menos frecuente puede encontrarse escrito como *currículum vitae et studiorum*, añadiendo al significado anterior, "…y estudios". A veces, se abrevia: *C.V.*

El currículum vitae u hoja de vida, es una de las fórmulas más extendidas de darse a conocer por quienes demandan empleo. Se trata de una imagen o representación del candidato que opta a un puesto de trabajo mediante una recopilación documental de sus datos personales y académico-formativos, con información sobre experiencias vividas y profesionales. Además, debe servir para llamar la atención del empresario que lo recibe, despertando su interés, demandando una entrevista o invitándole a conservar el currículum para una futura ocasión. Los currículums son como los gazpachos, se pueden preparar de mil formas y todas pueden resultar interesantes, si bien unos pueden gustar más que otros.

A pesar de la aparición de nuevas formas de presentación, el C.V. sigue estando vigente. Debe ser atractivo, original y adecuado a cada circunstancia. No te conformes con hacer uno, intenta hacer el mejor. Elaborar un currículum es sencillo, elaborar un buen currículum ya no lo es tanto. Prepáralo de manera concienzuda, informándote de cómo hacerlo. No se trata de preparar uno muy completo y enviarlo al mayor número de personas, sino de tener uno base que pueda ser adaptado según la demanda, poniendo mayor énfasis en aquello que ellos solicitan y tú puedes ofrecer.

Sobre cómo prepararlo, existe mucha información en revistas, páginas de Internet o libros. Aunque hay modelos y plantillas solo para copiar y rellenar los distintos apartados, lo mejor es crear uno propio, que bien puede estar basado en propuestas o ideas recogidas de otros sitios. Cuenta con personas que sepan más del tema para que te ayuden a confeccionarlo o a criticar y mejorar el resultado.

> *"Nunca hay una segunda oportunidad de causar una buena primera impresión."* David Niven (1910-1983). Actor norteamericano.

Como en casi todo, la primera impresión del documento es fundamental. El diseño y la presentación es una primera criba, sobre todo cuando los equipos de selección de personal reciben muchos. Ha de ser fácil de hojearlo y ojearlo, y de entender su lectura. Debe ser breve, claro y conciso; no superar 2 o 3 páginas de tamaño A4, y escrito con una letra convencional de ordenador. Tiene que estar adaptado a la oferta laboral a la que optas, contando sólo aquello que más pueda interesar al que lo lee. La limpieza es fundamental, al igual que no cometer faltas y erratas. Utiliza y entrega buen material. El currículum no se firma, eso se hace en la carta de presentación. Los seleccionadores suelen rechazar los C.V. que no se ajustan a estas condiciones, enviando muchos sueños directamente a la papelera y reservando aquellos que de un simple vistazo puedan encajar en lo que buscan.

Procura revisarlo en diferentes momentos y días, y enséñalo a otras personas para que te den sugerencias y te ayuden a detectar posibles fallos.

Hay que intentar ser el primero, pero sin que la prisa reste calidad al C.V. Puede que si el personal de selección encuentre desde el principio lo que necesita, no siga buscando. La información aportada debe destacar sobre la de los demás candidatos, dejándole claro al seleccionador todo lo que quieres que sepa sobre ti, sin darle opciones a la interpretación.

Es bueno que entregues tu currículum a las empresas que más te atraigan, aunque en ese momento no oferten ningún puesto de trabajo. Si estás en su base de datos, quizá en otro momento te puedan necesitar.

Recordemos que siempre es bueno ser original, innovador y marcar la diferencia; sobre todo si piensas que la empresa a la que va destinado lo va a valorar (puesto de creativo, escaparatista o maestro). Pero eso no significa llenar la página de muñequitos ni de llamativos colores. Se trata de presentar de una manera diferente la información, sin descuidar la elegancia, la discreción, o el contexto en el que nos desenvolvemos.

Puedes pensar en nuevas ideas de presentación. Una tarjeta de visita con los datos personales en el anverso y con una escueta información, en el reverso. Un libro para entregar con un pequeño currículum escrito en sus primeras páginas. Un documento siguiendo el modelo de un prospecto farmacéutico. Unas páginas en blanco con la única referencia de una página web o blog donde consultar tus datos, etc.

> *"No puedo entender por qué la gente tiene miedo de nuevas ideas. Tengo miedo de las viejas ideas."* John Cage (1912-1992). Artista y filósofo norteamericano.

Las nuevas tecnologías pueden ayudarte y harán que los demás vean que sabes y estás familiarizado con estos temas de actualidad. Un C.V. presentado en power point (u otro tipo de programa de imágenes) puede ser una excelente opción. También es bueno colgarlo en Internet en un blog o en una web personal o de otra persona. La grabación digital de video o de audio, narrando el currículum, se está popularizando en los últimos años. Si optas por estas últimas opciones, conocidas hoy como *Job trending*, tienes que prepararlo y prepararte adecuadamente; trata de estar relajado, busca un ambiente que frecuentes (biblioteca, centro de enseñanza, ambiente de trabajo...), muéstrate serio, pero alegre; sin parecer prepotente. Para colgarlo en Internet existen plantillas gratuitas, con diseños diferentes donde solo tendrás que introducir tus datos.

Ideas como mostrar imágenes, trabajos realizados, cualidades para la canción, la oratoria o la poesía; formas de presentación, impreso en papel o en cd (o mini cd como tarjetas de visita), entregado en mano, por correo postal o electrónico. Todo puede ser lícito si con ello cumples con el objetivo de captar la atención de la persona que lo recibe y gustarle con lo que haces o puedes hacer. Los nuevos tiempos en los que nos encontramos, donde todo evoluciona de manera rápida y sorprendente, nos permiten publicitarnos con ciertas licencias, sin caer en chabacanerías.

Los C.V. deben estar presentados con un orden lógico que facilite la comprensión del lector. Es recomendable empezar con los datos que os identifiquen, que pueden ser recordados en cada página con un discreto encabezamiento. Al elegir entre los modelos más utilizados hay que tener en cuenta tanto las características personales como al destinatario. Algunos tipos son:

- *Cronológico:* sigue un orden del acontecimiento más antiguo al más reciente. Es fácil de redactar y leer. Es bueno su sencillez y claridad.

- *Cronológico inverso:* el orden es inverso, del más reciente al más antiguo. Interesante para destacar lo último que se ha hecho.

- *Funcional:* agrupa las experiencias personales y laborales en bloques temáticos, sin orden cronológico. Se usa cuando se tienen experiencias variadas y poco relacionadas. Adecuado para quienes tienen largos periodos de inactividad.

- *Combinado:* utiliza la idea del anterior asociadas con una de las dos primeras.

- *Formato cerrado:* se ajustan a plantillas elaboradas por una empresa, ETT, portal de empleo... según sus intereses. Suelen tener un espacio abierto para completar por el demandante según lo que considera importante y quiere decir o destacar.

> *"Disciplina quiere decir orden, y orden quiere decir triunfo."* José Martí (1853-1895). Político y filósofo cubano.

Básicamente todo currículum debe contener la siguiente información:

- *Datos personales:* nombre y apellido, dirección, teléfono (móvil y fijo), e-mail, pagina web o blog, fecha y lugar de nacimiento, número de Documento Nacional de Identidad (DNI).

- *Formación:*

  - Reglada (Estudios oficiales): título, centro que lo expide (instituto, universidad), año de finalización.

  - No reglada (complementaria o no oficial): nombre del curso, seminario, jornada... Organismo, fundación o asociación que lo organiza. Ciudad donde se realiza. Fecha (inicio y finalización). Horas o créditos realizados. Si el título no deja claro el contenido se puede exponer en pocas líneas.

- Otros (títulos y certificados): idiomas (nivel hablado y escrito, prácticas), informática (programas, sobre todo lo relacionado con la profesión), deportivos (como entrenador o monitor), etc.

- *Experiencia laboral:* reflejar todos los trabajos (no dejar lagunas de años). Incidir en los que tienen más relación con el puesto al que se opta. Indicar empresa para la que se trabajó, puesto desempeñado, duración del contrato (fecha de comienzo y fin). Especificar si se ha sido becario, se ha estado de prácticas, de voluntario o en un negocio familiar (puestos remunerados o no).

- *Otros datos:* posesión del carné de conducir (año de obtención, tipo, experiencia), otros carnés (instalador, manipulador de alimentos…), viajes, etc.

- *Información complementaria:* aquí se expondrán todas las cualidades, disposición, intereses o motivación, que se desee: horario, jornada, incorporación al puesto de trabajo, movilidad geográfica. Cuando no se posee un amplio currículum este punto es muy importante.

No hay un criterio claro si se debe o no acompañar de una fotografía de tamaño carné junto a los datos personales, en algunos casos puede ser positivo y en otros no. Desde luego se debe hacer siempre que así se solicite. Para todo hay que diferenciar lo que se considera requisito imprescindible o recomendable.

Infórmate si vas a presentar el C.V en otro país, en cada uno existen pequeñas diferencias: número de páginas, datos, experiencia, fotos…

El C.V. debe dejar muy claro las formas de contacto, teniendo que estar muy atento a esos canales por si se recibe algún tipo de respuesta.

En el "cuaderno de trabajo" hay que ir anotando todo lo relacionado con el C.V: modelo que envías, dónde lo presentas, fechas, si es autocandidatura o una respuesta a una oferta de empleo, etc. También se pueden estudiar otros datos posibles a incluir y valorar las ventajas e inconvenientes de ponerlos o no.

Demostrar ciertos valores positivos te pueden abrir muchas puertas, o cerrarlas en el caso contrario. Sé honesto y honrado con los datos que presentas, es importantísimo ser sincero y no mentir.

"Con una mentira se suele ir muy lejos, pero sin esperanzas de volver." Proverbio judío.

Entrevista de selección

Es una de las herramientas mas frecuentes para la búsqueda de trabajadores. Se trata de una conversación personal entre el candidato a un puesto y la persona o personas que realizan la selección; un espacio de conocimiento entre ambas partes, una forma de saber si se puede establecer una relación laboral mutua.

Puede ser de varios tipos: presencial, telefónica, curricular o biográfica, por competencias, de situación...

Si te citan para una entrevista tienes que estar contento; eso significa que posees algo que les interesa. Suele ser una segunda fase más completa, a la que sólo acceden determinados candidatos que han superado una primera selección. También puede constituir una prueba única. Al llegar a esta fase las posibilidades de trabajo de todos los seleccionados aumentan.

"No es lo que te ocurre, sino lo que haces con lo que te ocurre." Aldous Huxley (1864-1963). Escritor de EE.UU.

Debes dejar a un lado nervios y angustias y seducir al entrevistador, demostrando naturalidad, serenidad y templanza. También es fundamental en toda entrevista mostrar confianza (tampoco en exceso), ser positivo, claro y sincero. Intenta ser simpático, eso no significa chistoso ni hacerte el gracioso. Pon más énfasis en tus logros personales y puntos fuertes y trata de pasar rápidamente tus debilidades, haciéndoles ver que estás trabajando para mejorarlas. Es posible que los entrevistadores incidan en aquello que tú no quieres hablar, quizá por tener menos preparado o por estar menos orgulloso. Piensa respuestas tipo para salir airoso. Admitir los errores o carencias puede ser bueno (autocrítica); convénceles de que están superadas o que están en proceso de mejora (informática, inglés…)

Manifiesta que no te da miedo el trabajo, por muy duro que sea y que no se te "caerán los anillos" por desarrollar determinadas tareas. Demuéstrales que eres una persona flexible y que sabes adaptarte a circunstancias especiales de trabajo.

> *"Siempre que te pregunten si puedes hacer un trabajo, contesta que sí y ponte enseguida a aprender cómo se hace."* F. D. Roosevelt (1882-1945) Político de EE.UU.

Exprésate correctamente y comunícate bien. Contesta con hechos objetivos, no con impresiones subjetivas. Da la información justa, a veces la adicional puede ser contraproducente. Hay que responder solo a la pregunta formulada y si no la has entendido, pídeles que te la repitan nuevamente. Hazlo también si para alguna cuestión no tienes una respuesta clara, así tendrás algo más de tiempo para pensarla. Cuando te ofrezcan la posibilidad de preguntar, acéptalo, no te quedes con dudas, pero pregunta de manera inteligente. Recuerda que las contestaciones ideales no existen, pero tienes mucho ganado si vas bien preparado y con práctica. Y si respondes, hazlo después de escuchar con atención, con mucho sentido común y pensando todo antes de hablar.

"Tenemos dos orejas y una sola boca, justamente para escuchar más y hablar menos." Zenon de Citión (336 a.C.-264 a.C.). Filósofo griego.

Salvo que no te importe, en la entrevista no estas obligado a hablar sobre cuestiones de tu vida privada. Si te preguntan y no quieres responder, trata de ser correcto y educado y busca formulas con las que amablemente puedas cortar el tema, como: "no creo que eso sea relevante para el trabajo a desempeñar." Cuidado si hablas de estereotipos y prejuicios.

"¡Triste época la nuestra! Es más fácil desintegrar un átomo que un prejuicio." Albert Einstein (1879-1955). Físico alemán.

Intenta suavizar los asuntos más escabrosos. Por ejemplo, al hablar de dinero, no debes decir que te fuiste de una empresa porque trabajabas mucho y te pagaban poco. Emplea frases como: "busco mejorar y crecer más profesionalmente".

Cada entrevistador es diferente, también cada selección de personal, aun siendo realizada por la misma persona. Con todo, existen preguntas típicas que siempre suelen formular: ¿por qué quieres trabajar en la empresa? o ¿qué puedes aportar? Piensa en ellas previamente.

El resultado de la entrevista es una valoración subjetiva del entrevistador, basándose en ciertas cuestiones objetivas que interesan a la empresa.

Aunque creas que la entrevista durará poco tiempo, las posibilidades de éxito aumentan cuanto mejor te la prepares: conocer bien tu trayectoria académica y laboral, posibles preguntas y respuestas, conocimiento de la empresa, indumentaria, forma de hablar, etc.

> *"Tardo tres minutos en preparar una arenga de tres horas, y tres horas en una de tres minutos."*. Otto von Bismark (1815-1898). Político alemán

Debes adecuar tu aspecto personal al puesto al que optas (por ejemplo, no ir con traje de chaqueta para trabajar en un taller mecánico). Demuestra en todo momento interés y manifiesta que estas capacitado para el puesto, sin parecer pedante, prepotente o arrogante. Lo que se busca y lo que se ofrece tiene que estar claro para que cada parte implicada alcance sus objetivos:

- *Entrevistador:* saber si el entrevistado es, de las personas presentadas, la más capacitada para el puesto, y si aceptará el trabajo con las condiciones ofrecidas.

- *Entrevistado:* demostrar ser el candidato ideal para ese puesto y confirmar el deseo de aceptar el trabajo, ilusionado, motivado y con voluntad de hacerlo bien.

Las entrevistas se pueden clasificar:

- *Individuales*:
  - Estándar: el entrevistador usa un guión igual para todos los entrevistados.

- Informal: el entrevistador expone y pregunta libremente.

- De choque: usada cuando el trabajo al que se opta se desarrolla en un clima de tensión. Se formulan preguntas agresivas, interrupciones...

• *Colectivas*:

- Se presentan varios entrevistados y varios entrevistadores.

- Las preguntas, iguales para todos, son contestadas individualmente.

- A veces se presentan situaciones conflictivas para observar las respuestas.

- Se utiliza cuando son muchos los candidatos y no se precisa experiencia.

A pesar de lo dicho, de que cada entrevista es única y difícil de ver dos finales iguales, suelen producirse unas fases comunes que básicamente pueden ser:

• *Inicial (saludo):* muy importante. Es la primera impresión que se lleva el entrevistador del candidato. Se habla de temas intrascendentes o con poca relación con el motivo de la entrevista (el tiempo, el tráfico...).

• *Principal:* el seleccionador informa primero sobre la empresa y el puesto que se ofrece; después pregunta para conocer datos del candidato: personales, profesionales, formación, experiencia, motivación, etc.

• *Conclusión:* aquí se hace una recapitulación de lo hablado antes de terminar. El candidato puede preguntar sobre aquello que no se haya tratado o tenga dudas; también remarcar su interés y capacidad para el puesto si cree que no ha quedado claro o quiere profundizar sobre ello.

- *Final (despedida):* también es muy importante. El entrevistador observa y valora hasta el último momento. Debes dejar buena impresión, actuando con cordialidad y naturalidad. No olvides señalar con claridad la forma de contactar contigo.

Según el momento hay que tener en cuenta una serie de cuestiones:

- *Antes de la entrevista:*

  - Revisa la información sobre la oferta a la que optas. Piensa sus ventajas e inconvenientes.

  - Ten claro lo que estás dispuesto a hacer por conseguir el trabajo y lo que no.

  - Repasa la información que hayas remitido (carta, currículum, etc.) y las conversaciones previas.

  - Sabiendo las cuestiones de las que posiblemente se hablará, repásalas mentalmente y escríbelas.

  - Relaciona tus habilidades, experiencias y características en relación con el puesto.

  - Recuerda todo aquello que tienes interés que el entrevistador sepa de ti, y todas las dudas que tienes respecto a la empresa o al puesto ofertado.

  - Infórmate sobre la empresa (prensa, Internet, empleados…) y, si es posible, sobre quién hace el proceso de selección (empresa o personal).

  - Tienes que ser puntual. No llegues tarde, pero tampoco demasiado pronto.

  - Acude aseado y bien vestido. Salvo que el puesto lo requiera, no vistas ni muy clásico, ni muy de sport.

"No andes, Sancho, desceñido y flojo; que el vestido descompuesto da indicios de ánimo desmazalado." Miguel de Cervantes (1547-1616). Escritor español.

- *Durante la entrevista:*
  - Comunicación no verbal:
    - Demuestra naturalidad. Estrecha la mano cordialmente (ni fuerte ni suave). Entra o siéntate cuando te lo pidan. Quítate las prendas que puedan molestar (gorros, guantes...).
    - Muestra atención cuando te hablan. Mira a la cara y asiente de vez en cuando para demostrar que te enteras.

      "Quien no comprende una mirada, tampoco comprenderá una laga explicación." Proverbio árabe.

    - Intenta estar relajado y tranquilo, y demuéstralo, aunque en el fondo no sea así.
    - La postura tiene que ser relajada, pero con el cuerpo bien erguido.
    - La expresión de tu cara debe reflejar serenidad y felicidad. Sonríe siempre que puedas.
    - Evita moverte mucho, todo o parte (cabeza, manos...); también los tics, gestos o repeticiones, como tocarte el pelo o morderte las uñas.
    - Mantén siempre una distancia prudente; no invadas el espacio vital del entrevistador, ni dejes que él invada el tuyo.

- Céntrate en lo que estás. No te entretengas en fumar o beber (especialmente alcohol), aunque te lo ofrezcan.

- Apaga tu móvil.

— Comunicación verbal:

- Deja que el entrevistador exponga todo lo que tenga que decir, sin interrumpirle hasta que termine o te pregunte algo.

> *"Se necesitan dos años para aprender a hablar y sesenta para aprender a callar."* Ernest Hemingway (1869-1961). Escritor estadounidense.

- Trata respetuosamente al entrevistador. Por muy joven que parezca, háblale de usted, salvo que te diga lo contrario.

- Contesta pensando lo que vas a decir, con convicción y sinceridad. Habla sin acelerarte, con fluidez y claridad, con un tono ni fuerte ni suave.

- Intenta no usar jergas y evitar muletillas al hablar.

- Si algo no te queda claro, pregunta con naturalidad, directo y sin rodeos.

- Sé positivo en tus intervenciones. No hables nunca mal de nada ni nadie y menos de tus anteriores trabajos y compañeros.

• Después de la entrevista:

— Espera a que el entrevistador dé por terminada la entrevista y no te levantes hasta que no lo haga él.

– Despídete nuevamente estrechado la mano y termina dando las "gracias por todo".

– No te vayas sin saber cual será la forma de contactar nuevamente.

Aguarda el tiempo que te dijeron para contactar. Si pasados unos días de la fecha acordada no tienes noticias, comunícate con ellos. Para no evidenciar su incumplimiento busca una circunstancia: "pasaba por aquí y quería…" o "he estado fuera y sin teléfono…".

Hay que ser formales hasta el final, aunque en un momento del proceso pienses que el puesto no te interesa o tengas claro que será para otro. Quizá en otro momento, oferten un nuevo trabajo que se ajuste más a tus características y que tengas más posibilidades.

Practica pruebas de entrevistas con alguna persona cercana. Eso te permitirá ver y que vean como te desenvuelves, así como trabajar y corregir defectos: muletillas, posturas, falta de claridad… Sería bueno que te grabases para luego visionar y analizar tu actuación.

Test psicotécnicos

Se trata de un proceso estandarizado, igual para todos los candidatos, utilizado en procesos de selección para conocer el grado de idoneidad de la persona que completa el test y que opta al puesto ofertado.

Suele ser un documento con preguntas, acompañado de instrucciones y aclaraciones, para realizar en un tiempo preestablecido. Los resultados de estas pruebas se bareman con criterios uniformes, buscando el máximo de objetividad. Estos test pueden ser de:

- *Inteligencia general:* presentan problemas de tipo abstracto de lógica, con series de números, letras o imágenes. Miden la capacidad general para resolverlos, lo que sirve como indicador de la eficacia en diferentes áreas profesionales.

- *Personalidad:* mediante un cuestionario trata de conocer aspectos de la personalidad como la autoestima, la timidez o la extraversión.

- *Rendimiento:* se usan para conocer las aptitudes específicas del solicitante, su cultura general o los aspectos prácticos de su profesión. El fin es saber si es apto para el puesto al que opta o si tiene experiencias en tareas similares.

Es conveniente que practiques este tipo de pruebas antes de enfrentarte a una de ellas en un proceso de selección de personal. Puedes encontrar ejemplos de estos test en Internet, en algunos temarios de academias o en libros específicos.

> *"La práctica debería ser producto de la reflexión, no al contrario."* Hermann Hesse (1877-1962). Escritor suizo.

Las recomendaciones para enfrentarte a estos test son similares al resto de pruebas escritas. Empieza por escribir los datos para identificarte; por muy bien que hagas un test, si su corrector no conoce el nombre de su autor, no pasarás la selección. Debes intentar estar sereno y no te precipites en tus actuaciones ni en tus respuestas. Lee las instrucciones, entendiendo bien lo que se pide. Echa un vistazo rápido a toda la prueba y contesta primero aquello que tienes la seguridad de dominar. Continúa por las que tienes dudas y termina con las que crees no saber. Reflexiona antes de escribir nada, utilizando el sentido común y tus conocimientos y experiencias. No inviertas mucho tiempo en resolver las que dudas o piensas que no sabes, a menos que sean las ultimas o te sobre mucho tiempo. Debes tener claro desde el principio si se contabilizan los aciertos y los errores no cuentan, o si estos fallos restan puntos acertados; en el primer caso contesta todas, en el segundo, se prudente y responde solo a las seguras, a menos de que se desconozcan la mayoría. Pregunta lo que no entiendas a las personas evaluadoras.

Responde con naturalidad y sinceridad, no pretendas contestar lo que crees que le gustaría oír al que valorará la prueba. Es muy fácil descubrir si no eres honesto, ya que te suelen presentar varias preguntas para saber cuestiones concretas.

Pruebas grafológicas

Mediante la grafología se analiza la escritura para identificar la personalidad de un individuo, saber sobre su carácter, el grado de salud, el equilibrio mental, sus emociones, tipo de inteligencia y aptitudes profesionales.

Aunque no son muy comunes, las pruebas grafológicas también son utilizadas para encontrar en un proceso de selección al trabajador idóneo. En ellas pueden pedirte que escribas a mano una sencilla carta o bien que copies un texto que te presenten. El análisis grafológico, esto es, el estudio de tu letra, colocación del texto en el papel, márgenes, firma, etc., determinará si eres apto o no para el puesto.

> *"Es el cerebro el que escribe. El brazo, la mano, los dedos no constituyen los verdaderos factores de las peculiaridades esenciales e individuales de la escritura."* Max Pulver (1889-1952). Médico y psicólogo suizo.

Es un tipo de prueba que interesa a muchas empresas sabedoras de que la letra no se puede falsear y que es muy difícil engañar a un grafólogo. Cada uno escribe de una determinada manera y esa escritura es un reflejo de cómo eres.

Internet

En la actualidad la red de Internet es un recurso casi imprescindible para la búsqueda de empleo. Cada vez son más las personas que lo utilizan; un número que se multiplica en la franja de 15 a 45 años, donde más de la mitad de ellos maneja asiduamente las herramientas tecnológicas y pertenecen a alguna red social. Como fuente de información, Internet nos permite buscar, encontrar y conocer lo que necesitamos, saber sobre personas, instituciones y empresas.

> *"[Internet] es mucho más que una tecnología. Es un medio de comunicación, de interacción y de organización social."*
> Manuel Castells (1942-). Sociólogo español.

Si quieres que se te conozca de alguna manera, es interesante que tus datos e información sobre ti aparezcan en este medio. A la hora de darte a conocer en Internet debes ser serio, eso no quiere decir aburrido, falto de originalidad o con poco sentido del humor. Por ejemplo, si tienes o te abres una cuenta de correo electrónico para utilizar en la búsqueda de empleo, no pongas un nombre que pueda resultar ridículo.

Procura que los documentos que manejas para que los vean los demás, no ocupen mucho. Si adjuntas fotografías, reduce su tamaño mediante algún programa que permita esa tarea. La persona que quiera descargarlo o reciba el archivo, querrá abrirlo rápido y no perderá un solo minuto si tiene más candidatos.

Cuando envíes cartas, currículum, mensajes, etc. procura que sean personales, dirigidos a un nombre concreto o a un cargo dentro de una empresa. Generalmente al destinatario no le gusta ver que es uno más dentro de una lista. Si mandas los mensajes a más de una dirección hazlo siempre CCO (con copia oculta).

Si envías un documento, analízalo antes para comprobar que no tiene virus. Convertirlos a PDF es una buena solución para salvar este problema y además evitas que algunos de los elementos del documento se puedan descolocar. Para tener seguridad de cómo es recibido, inclúyete en la lista al enviarlo.

Web y blog personal

Del inglés, website o web site, un sitio web es un lugar localizado en la world wide web (www) que reúne documentos o páginas web. Estas páginas contienen textos y/o gráficos con informaciones variadas. Un blog, también llamado bitácora o cuaderno de bitácora, es un sitio web que contiene textos e imágenes que aparecen en orden cronológico. En ambos casos, el autor expone con libertad aquello que quiere que el público lector sepa.

Son buenas herramientas para mostrar lo que pueda interesar de ti: forma de localizarte, trabajos, currículum, fotos, amigos, aficiones, etc.

Si no conoces bien el tema, debes informarte y prepararte. Que no te asuste si es un mundo desconocido para ti, hasta las personas mayores están familiarizándose con el tema y algunas cuentan ya con páginas acorde a sus intereses.

"Internet es positivo porque nos une, nos conecta. Incluso a las personas mayores. El estar conectado nos prolonga la vida y no solamente añade años a la vida, sino vida a los años." Luis Rojas Marcos (1943-). Psiquiatra español.

Te permite ofrecer ideas y experiencias sobre el mundo laboral, así como comentarios de otras personas que siguen el blog o la web. Igualmente puedes crear enlaces con otras páginas que puedan interesar tanto a tus lectores como a ti mismo. Todo esto invitará a que tu página sea visitada con frecuencia, que a fin de cuentas es lo que verdaderamente te importa para darte a conocer y conseguir tu objetivo de encontrar empleo. Eso sí, hay que actualizarla con regularidad.

Redes sociales

Son páginas que facilitan la comunicación con otras personas, amigos o desconocidos que quieren pertenecer a un círculo determinado, a una red donde todos están conectados. El objetivo es crear y/o pertenecer a comunidades virtuales para compartir intereses comunes: aficiones, amigos, historias, trabajo…

En los últimos años, las redes sociales se están convirtiendo en una eficaz forma de relacionarse. Es ideal para darte a conocer a los demás o que los que ya te conocen te tengan presente habitualmente.

Es interesante abrir un perfil personal y profesional en las redes más habituales y seguidas por el mayor número de usuarios: Twitter, Facebook, Linkedin, Viadeo, Xing… También hay que seguir a las empresas en las que se aspire a trabajar.

En el 2004 se lanza Facebook. Su creador Mark Zuckerberg lo concibe como un proyecto de ciencias de la Universidad de Harvard para conectar a los amigos. Durante el primer mes de funcionamiento más de la mitad de sus casi 20.000 estudiantes se suscribieron a ella. Hoy es una de las más visitadas a nivel mundial.

Gracias a Internet y a las redes sociales podemos contactar con mucha gente conocida que a su vez nos puede relacionar y ampliar nuestra agenda de contactos.

Networking

La palabra networking, del inglés, no tiene traducción en español. Literalmente podría ser "redeando", de *construir una red*; si bien, sería más adecuado interpretarlo como *trabajo en red* o como gestión de la *red de contactos*. El término se ha extendido como una forma de interacción tanto a nivel personal como profesional.

El Networking es un término relacionado con las redes sociales y los temas laborales que está alcanzando repercusión en los últimos años. Se trata de una práctica donde los amigos o contactos se ayudan entre sí para conseguir un trabajo o una posición. Es una forma de establecer relaciones con otras personas, pudiendo obtenerse un beneficio a medio o largo plazo. Siempre tendrá más posibilidades un candidato para un puesto que tenga un conocido dentro de la organización.

Estas relaciones, como todas en las que se establece un contacto humano, hay que mantenerlas en el tiempo gracias a poner en práctica unas buenas habilidades sociales. Las relaciones fuertes nos proporcionan información fiable con mucha frecuencia, pero poco novedosa; mientras que las relaciones débiles nos ofrecen mucha información desconocida, pero con poca frecuencia y dudosa fiabilidad.

Es importante mantener viva la red de contactos. No se trata de la cantidad de tiempo que se está conectado con otros, sino de la calidad de ese tiempo, de la imagen y el recuerdo que nosotros dejamos en ellos.

El networking online, se está convirtiendo en una de las más habituales herramientas de consultoras, usuarios, headhunters (cazadores de talentos) y empresas.

Cuidado con lo que cuelgas en la red

Dado que cualquier persona puede acceder a la información de Internet, es imprescindible saber lo que sobre nosotros se puede encontrar y tener mucho cuidado con lo que nosotros voluntariamente colgamos.

Toda información que aparece sobre una persona puede resultar:

• Inexistente: no encontramos nada sobre ella.

• Positiva: los datos son favorables, buenos y de interés, causando una buena imagen a quien los busca.

• Neutra: la información no aporta nada relevante.

• Negativa: los datos son desfavorables y pueden ser contraproducentes para el demandante de empleo.

Así, la información que sobre nosotros aparece en la red, puede producir efectos diferentes para nuestros intereses de encontrar trabajo; en algunos casos, buenos, pero en otros negativos y adversos (algún delito pasado, una multa, un juicio pendiente...) Además, se debe tener mucho cuidado con lo que colgamos, bien sean fotos o escritos, foros en los que participemos o páginas en las que se colabore, ya que se convierte en dominio público y cualquiera puede acceder a ello.

Todos podemos publicar información nuestra o ajena y todos podemos acceder a ella. Hay personas que descubren que sobre ellos se habla en Internet sin saberlo. Por ello es bueno seguir estas recomendaciones:

- Investiga si aparece alguna información sobre tu persona en Internet, tecleando tu nombre (entre comillas) en alguno de los buscadores más habituales.

- Incluye datos positivos sobre ti. Si es en un blog o web propia, mejor. Expón tu currículum completo, con información real y positiva. Intenta que esa información aparezca en las primeras páginas del buscador, muchos se quedan en ellas y no siguen.

- Si hay datos que no quieres que aparezcan, intenta que sean retirados o cambiados según tus intereses.

Actualmente, las Fuerzas de Seguridad cuentan con departamentos para luchar contra los delitos informáticos. No dudes en denunciar aquello que aparece en la red en contra de tu voluntad o con información falsa.

Debes intentar controlar lo más posible este medio, procurando ser tú mismo el que cuelgas en red los datos personales y profesionales que deseas difundir. Ten presente que, en muchos casos, la información existente en la red es muy difícil de eliminar. Hay que extremar el cuidado por mantener la privacidad y tratar de evitar la suplantación de identidad y los casos de piratería, que cada vez son más frecuentes.

Publicidad personal: carteles y buzoneo

La publicidad es una actividad controvertida: para unos, es algo necesario que desarrolla la economía y democratiza el consumo; para otros, una técnica de manipulación utilizada para vender de todo, incluso aquello que no necesitamos. Es una forma de incitar y vender productos o servicios, pero también de convencer y persuadir para que las personas tomen conciencia y una actitud responsable.

> *"El aire que respiramos se compone de nitrógeno, oxígeno y publicidad." Robert Guerín.* Publicista francés

Para realizar una buena publicidad se precisa, entre otras cualidades, ingenio y creatividad, pero también dotes de observación de aquello que vemos a nuestro alrededor, una mente reflexiva y una fuerte empatía o capacidad de ponerse en el lugar del otro.

Darte a conocer a los demás es de alguna manera una forma de publicitarte. Y si quieres tener éxito, debes llevar a cabo una buena campaña de publicidad. Para ello has de convertirte en un buen publicista, ser estratega, saber elegir el momento, el lugar y el lenguaje, comunicándote con las personas a las que diriges tu mensaje. Hacerlo bien puede llevarte a conseguir lo que deseas.

Aún siendo estudiante, trabajaba los veranos ayudando a mi tío Rafael en su agencia: "Publicidad de Gala". Para saber más del tema leí un sencillo libro sobre publicidad. En él, una historia (que aún recuerdo de forma no muy precisa) me descubrió las verdaderas posibilidades de este mundo.

> Había un ciego que pedía limosna sentado en el suelo con un cartón que tenía escrito: *"Necesito ayuda, soy ciego".* A sus pies, una ajada gorra presentaba el triste resultado de su petición.
>
> Un publicista se detuvo frente al mendigo, observó el cartel y las pocas monedas que había en la gorra. Sin pedirle permiso, tomó el letrero y dándole la vuelta escribió un nuevo mensaje que decía: *"Hoy es un precioso día, pero yo no puedo verlo."*
>
> Desde aquel día, la situación del ciego cambió al experimentar como su gorra se llenaba a diario de billetes y monedas.

Como se observa en la historia, ambos mensajes pretendían lo mismo y no decían nada que no fuese cierto. La diferencia radica sencillamente en el texto y en la utilización de un lenguaje diferente, algo muy fácil de entender, pero muy difícil de llevar bien a la práctica.

Es frecuente recibir en los buzones anuncios o ver colgados carteles (en farolas, fachadas…) de publicidad de personas que ofrecen sus servicios para trabajar (dar clases, limpieza, cuidar niños, etc.) Todo lo que pretendas publicitar de esta forma debe ser llamativo y llegar bien al público, evitando que pase desapercibido. Hay que colocarlo en lugares adecuados, donde se tenga seguridad que va a ser visto. Debe presentar un diseño y un texto llamativo y atractivo, que no hiera la sensibilidad de nadie. Recuerdo unos carteles de tamaño folio que anunciaban clases de piano, donde en la parte de abajo se podía recortar el número de teléfono que se repetía sobre el dibujo sugerente de unas teclas de un piano. O el de una publicidad de clases de danza en una farola donde su parte inferior recortada en tiras y abierta como la falda de una bailarina de ballet, contenía repetido el número de contacto (para cortar y llevar). Indudablemente, estos anuncios u otros similares, llaman la atención e invitan a leerlos, un primer paso para el logro deseado.

Por tanto, empieza por pensar sobre lo que quieres, realiza diferentes bocetos hasta encontrar alguno que creas acertado y llévalo a la práctica con ayuda de algún programa de diseño para ordenador. Pide ayuda a otras personas más expertas para que te aporten ideas o sugerencias, colaboren con la realización del cartel o simplemente te den su opinión sobre el resultado.

"Uno hace lo que puede y los amigos hacen el resto."
Andreu Buenafuente (1965-). Presentador español.

SABER DÓNDE Y CÓMO BUSCAR

Para encontrar empleo, como en cualquier otra faceta de la vida, hay que aplicar el sentido común y saber dónde y cómo buscar. Para ello se utilizan lo que se conoce como métodos de búsqueda de empleo.

Hay que empezar desde lo más cercano, por los contactos personales, y seguir por otros más especializados como son los colegios y asociaciones profesionales o los headhunters, para trabajadores que buscan posiciones medias, altas o directivas. Además, existen una serie de lugares y recursos tanto públicos como privados que colaboran con los desempleados ayudando a su búsqueda laboral mediante políticas de empleo, formación, bolsas de trabajo, etc.

Dedícate un tiempo a recabar información sobre sitios donde puedes dirigirte para encontrar empleo. No olvides anotar todos los resultados de esa investigación en tu "cuaderno de trabajo". Después estudia, analiza y decídete por aquellos que más te interesan o más garantías y posibilidades ofrecen. Tras este proceso de reflexión pasa a una acción más directa y próxima a la oferta.

> *"Hay que pensar como hombre de acción y actuar como hombre pensador."* Henri Bergson (1859-1941). Filósofo francés.

Contactos personales

Es una de las formas más sencillas, económicas y eficaces de encontrar un empleo. Se trata de manifestar a las personas de tu entorno (familiares, amigos, excompañeros de estudio o trabajo, vecinos, etc.) que estás buscando trabajo. Son muchas las pequeñas empresas que a la hora de contratar a un nuevo asalariado recurren a las personas que le rodean para que les localicen o recomienden a alguien.

Si piensas la manera en la que has conseguido algún empleo o cómo lo han obtenido muchas de las personas que conoces, descubrirás que una forma frecuente es producto del entorno más próximo. La mayoría de los empleos se consiguen gracias a los contactos de las personas que nos rodean. A la hora de encontrar una colocación, tan importante es la cualificación y la experiencia, como las relaciones con otras personas. Los empresarios prefieren contratar a profesionales conocidos o que hayan sido recomendados o avalados por alguien cercano a la propia empresa. Este hecho generalizado y frecuente se hace más patente cuando se trata de pequeñas empresas donde trabajan pocos empleados.

Algunas personas consideran que es negativa esta forma de encontrar trabajo, incluso creen que hay algo de malo en ello. Contrariamente puede decirse que es una forma de actuar habitual, lícita y buena, siempre y cuando la persona que obtenga el trabajo se encuentre entre las más cualificadas para el puesto. Es normal que quienes seleccionen busquen en su entorno más cercano. Lo contrario sería como si por ejemplo, en lugar de ir a comprar primero al supermercado de al lado de tu casa, te vas a otro más lejano por creer que vas a encontrar mejores productos y más baratos sin saber qué te ofrece el primero y sin pensar que si encuentras allí lo que quieres ganarás, entre otras cuestiones, tiempo y dinero.

Pedir empleo nunca debería estar mal visto, ello implica deseo y ganas de trabajar. Eso no tiene nada que ver con el *enchufe*, que sí está socialmente mal considerado, ya que se trata de obtener un cargo, trabajo o destino sin meritos, por amistad o influencia política.

Todo el mundo debe conocer lo buen profesional que eres, así será más fácil que se acuerden de ti y recomendarte. Pero para que te tengan en cuenta tienes que empezar por dar a conocer tu imagen, cómo eres, qué quieres, a qué estás dispuesto…

Escribe los distintos *círculos de personas* que conoces (familia, amigos, compañeros…) y conecta frecuentemente con ellos: vía teléfono, escríbeles por Navidad o cuando estés de viaje, mándales correos por Internet, visítales si están fuera, queda con ellos para pasear… Háblales de tu situación laboral, de tus deseos profesionales y de cómo eres como trabajador (sin parecer pedante o prepotente). Ten en cuenta que, por descabellado que parezca, cualquier persona puede tener la información que tú precisas. Cuanto más grande sea la lista, mayores posibilidades de encontrar empleo tendrás.

Amplia el círculo de conocidos y participa en actividades sociales: intenta volver a contactar con personas que conociste, introdúcete en ambientes distintos a los tuyos, apúntate a actividades diversas (excursiones, cursos, gimnasios…), colabora con asociaciones de voluntariado, organiza eventos (cenas, rutas…) Considera que estas actividades no deben tener como primer objetivo el que te diviertas. Quedar con personas no implica gastar dinero, hay multitud de cosas que se pueden hacer de manera gratuita.

Trabaja las habilidades sociales y la "inteligencia emocional". Hay que ser agradable y alegre, haciendo sentirse bien a los que están contigo. Acepta a los demás, sé tolerante y ayuda a otras personas. Haz todo lo posible para que todos quieran estar contigo y te valoren. Evita quedar con personas con una actitud negativa, que siempre estén contando penas o criticando. Procura no discutir o enfadarte con nadie.

> *"Nuestra vida es obra de nuestros pensamientos: si tenemos pensamientos felices, seremos felices, si tenemos pensamientos desdichados, seremos desdichados, si tenemos pensamientos temerosos, tendremos miedo, si tenemos pensamientos enfermizos, caeremos enfermos, si pensamos en el fracaso, seguramente fracasaremos, y si nos dedicamos a compadecernos, todo el mundo huirá de nosotros".* Marco Aurelio (121-180). Emperador del Imperio romano.

Organiza y escribe toda la información que manejas: ese grupo de personas que conoces (tanto las cercanas y allegadas, como las distantes y menos conocidas) y las posibilidades que crees pueden tener ellos para ayudarte (sus trabajos, empresas, responsabilidades, direcciones y teléfonos, etc.)

Trata de *estar localizable y disponible*, facilitando y dejando claro a todos la forma de contactar contigo. Asegúrate que tengan tu teléfono en su agenda, facilítales tarjetas de visita con los datos para localizarte, mándales correos electrónicos para que conozcan el tuyo, si tienes posibilidades hazte un blog o una web personal en Internet y tenla actualizada...

Mantén informados a los que te rodean de *tu situación actual.* Infórmales de como te encuentras, los avances, las gestiones, si sigues en paro, si estás pendiente de conseguir algo o si ya tienes empleo. También si cambias de dirección, teléfono o si tienes otra forma de localizarte. No hay que dar pie a que te puedan decir: "¡uf, si lo hubiera sabido antes...!" o "te intenté localizar pero no tenía tu móvil".

Cumple con todo lo que te comprometes. Si dices a alguien que le vas a visitar, a llamar por teléfono o acudirás a una cita, no dejes de hacerlo.

> *"La mayor perfección del hombre es cumplir el deber por el deber".* Kant (1724-1804). Filósofo alemán.

Es muy importante que una vez que hayas hecho partícipe a esas personas solicitando de alguna manera su ayuda, incluso cuando alguna de ellas te ha dado una posible vía de solución, les mantengas al corriente por varias razones. Primero como agradecimiento y deferencia por su molestia e interés. Segundo por seguir manteniendo viva esa posibilidad ofrecida. Y tercero porque no hacerlo puede entenderse como una ingratitud o un mal concepto del que pide ayuda y por tanto cerrar las puertas del que en otro tiempo te las abrió.

Todas las opciones pueden ser buenas. A priori no se debe rechazar nada. Debes recordar que alguna de las personas que te rodean puede ser la que tenga el trabajo para ti o la clave para que encuentres uno.

Agradece siempre que tengas ocasión la ayuda prestada y el tiempo de dedicación que otras personas te ofrecen. Hay muchas formas de demostrar ese agradecimiento, empezando por tomarles en serio; una simple llamada, un correo, un sencillo obsequio, una invitación… o diciendo, simplemente, gracias.

Networking

Como hemos visto antes, en los últimos años el *networking* se ha convertido en un buen recurso para la búsqueda de empleo.

Gracias a ese entramado o red de relaciones sociales, que influye positivamente en la vida laboral de los trabajadores, las posibilidades de encontrar una colocación aumentan considerablemente. Mediante este proceso voluntario cada persona se pone en contacto con otras que tienen información o decisión respecto a un puesto de trabajo.

> *"Lo importante no es saberlo todo, sino tener el teléfono de quién lo sabe."* Buenafuente (1965-). Humorista y presentador español.

Pero no olvides que estas redes no son más que una forma de relaciones humanas a las que hay que dedicar tiempo y aportarles algo. Y es que para recibir, también hay que estar dispuestos a dar a los demás; busca la mejor ocasión para ello.

Internet

Es evidente que Internet es hoy en día un recurso fundamental para la búsqueda de empleo. Además de una eficaz herramienta para contactar con las personas (correos, redes sociales, foros, etc.), es un medio donde se puede obtener mucha información y gestionar documentos en muy poco tiempo y sin necesidad de desplazamientos ni gastos económicos. El correo electrónico facilita la recepción de noticias y la comunicación con otras personas, empresas u organismos conectados. En las numerosas páginas web relacionadas con el mundo del empleo, tanto oficiales como particulares, se pueden encontrar recursos sobre la oferta y la demanda de empleo, bolsas de trabajo, cursos, becas y ayudas, trabajos desde casa, prácticas de formación, concursos, convocatorias, etc. También a través de este medio es posible darse a conocer, como por ejemplo, enviando una carta de presentación o el currículum vitae.

Internet es un interesante recurso no solo para las personas que buscan empleo o quieren mejorar el que tienen, también para empresarios e intermediarios (técnicos de empleo, empresas de trabajo temporal, orientadores, etc.)

La mayor desventaja de Internet es su gran difusión, por la competencia que conlleva, que te obliga a marcar siempre la diferencia respecto a los demás.

A la hora de buscar empleo hay que investigar y localizar páginas para después seleccionar toda esa información encontrada y estudiarla minuciosamente.

> *"Al final, utilizas Internet cuando lo necesitas. Es como cuando empiezas a ir al supermercado, que compras todas las ofertas y después ya sabes que tienes que comprar una lata de atún y un bote de suavizante."* J. Oristrell (1953). Director de cine español.

Si consultas en cualquier buscador tipo Google, solo con poner palabras como empleo u ofertas de empleo, encontrarás millones de resultados, por ello es necesaria esa selección referida. También es muy bueno apoyarse en recomendaciones o repartirse el trabajo con otras personas que estén en una situación similar a la tuya, o simplemente quieran colaborar contigo.

Entre las ventajas de Internet (eficacia, rapidez, comodidad, gratuidad…) hay que añadir, el no ser un recurso exclusivo, sino que es compatible con otras formas de búsqueda de empleo.

> En arquitectura un portal es una apertura en una construcción que sirve para acceder a ella. De igual forma y usando el símil, el término portal en Internet se usa para referirse a un sitio que sirve de "entrada" a páginas donde se ofrecen servicios diversos.

En los últimos años ha descendido el número de anuncios de empleo de los diarios, aumentando considerablemente las webs especializadas en el mundo del trabajo. Los portales de empleo son páginas de Internet donde una persona que busca trabajo puede consultar y encontrar:

- Bolsas de empleo con ofertas diversas.
- Una forma de inscribirse y de contestar ofertas.
- Un medio para darte a conocer.
- Recibir noticias a través del correo electrónico o SMS.
- Enlaces con otras páginas de interés.
- Posibilidad de participar en foros.
- Información en relación a la creación de empresas.

Algunas páginas de empleo que se pueden consultar: Tecnoempleo, Trabajos.com, Infoempleo, Infojobs, Monster, Redtrabajar, etc. Dedica un tiempo a familiarizarte con este medio y a estudiar que posibilidades te ofrece. Elegir el mejor portal depende de ti, de tus características, intereses, experiencia, de la provincia donde residas o donde quieres vivir, etc.

Bolsas de trabajo

Son lugares de Internet donde un demandante de empleo puede inscribirse a fin de conseguir una oferta de trabajo o una cita para un proceso de selección. La gestión se puede llevar a cabo:

• Directamente con la propia página de la empresa.

• A través de empresas de selección de personal. Suelen ser contratadas por otras empresas para encontrar los trabajadores más aptos.

También poseen bolsas de empleo algunos centros de enseñanza (privados o públicos), colegios profesionales, asociaciones, organismos, etc.

Es interesante que, diariamente o con la mayor frecuencia que puedas, consultes Internet. Solo necesitas un ordenador y una conexión. De no poseerlo, intenta que alguien te lo facilite o visita lugares que ofrezcan este servicio (bibliotecas, locutorios, asociaciones…)

Si no te consideras capacitado para navegar por la red, es bueno que te apuntes a un curso donde te proporcionen formación. Muchos organismos oficiales o entidades ofrecen cursos gratuitos. También los familiares y amigos pueden ser de gran ayuda.

"Todos nosotros, en determinados momentos de nuestras vidas, necesitamos tener asesoramiento y recibir la ayuda de otras personas." Alexis Carrel (1873-1944). Escritor, médico, biólogo e investigador francés.

Busca en Internet páginas relacionadas con el empleo, estudia lo que ofrecen, inscríbete en aquello que creas que puede serte de utilidad. Anota en tu *cuaderno de trabajo* todas aquellas direcciones que consideras útiles, lo que te interesa de ellas, si te has inscrito o enviado información, si has usado claves, así como la fecha cuando lo has hecho. Es bueno que vayas seleccionando en función de tus intereses personales y profesionales.

El crowdsourcing

> El término *crowdsourcing*, procede del inglés, de *crowd* (masa, multitud) y de *sourcing* (abastecimiento, fuente), y hace referencia a la fuerza de un gran número de personas como proveedoras de ciertas tareas.

Se trata de un nuevo modelo de negocios donde se apoyan algunas empresas y que se está convirtiendo en un fenómeno que cada día cobra más fuerza en Internet. Esta técnica se basa en utilizar la fuerza de las multitudes como fuente de trabajo (normalmente intelectual). Esa fuerza de la multitud la proporciona la comunicación y gira en torno a un tema de interés común, pudiendo llegar a trabajar en conjunto aún no estando juntos físicamente. Un ejemplo muy claro es la popular enciclopedia virtual Wikipedia, que está escrita y actualizada por los propios lectores.

Anteriormente ya se usaba otra práctica conocida como *outsourcing*, un modelo seguido por empresas que contrataban a personas externas a ella para que le resolviese algún asunto o para producir algo con eficacia.

La mecánica del crowdsourcing es simple: difundir problemas que necesitan una solución a fin de que un grupo de personas desconocidas los resuelvan. Los usuarios dan respuestas y entre todas ellas se elige la mejor, bien por los propios seguidores, bien por quien generó el problema.

"Cualquier poder, si no se basa en la unión, es débil".
J. de La Fontaine (1621-95). Escritor francés.

Por ello, esta técnica es útil para especialistas (pensadores, innovadores, diseñadores, etc.) que desean trabajar en una compañía, sociedad o negocio concreto. Éstos, por ejemplo, pueden responder a un concurso de ideas convocado por una empresa, ganando un premio o un reconocimiento, o simplemente dándose a conocer entre ellos y entre otros seguidores, algo que le puede abrir las puertas a un puesto de trabajo.

Servicios de empleo público

Los organismos públicos, bien sean estatales, autonómicos, provinciales o a nivel de ayuntamientos, suelen tener un organismo o un servicio destinado a canalizar todo lo relacionado con el mercado laboral y el empleo, para ayudar a los ciudadanos que estén interesados en conseguir un trabajo o en mejorar el que tienen. Siempre han estado y estarán regidos por la legislación y normativa vigente, con independencia de la forma de organizarse, bien sea en este o en otros países, y del nombre que hayan recibido, de cómo se llamen o de cómo se denominarán en el futuro (INEM, Servicio Estatal de Empleo, Servicios de Empleo de las Comunidades Autónomas…) Infórmate de los servicios que se ofrecen en tu lugar de residencia.

En España el *Servicio Público Estatal de Empleo (SEPE)*, es una entidad que gestiona todo el sistema de protección por desempleo. Trata de asegurar a los ciudadanos sin trabajo, de acuerdo con unos requisitos exigidos, una protección económica y asistencial, facilitando información sobre la situación del mercado laboral, con programas de formación y con ayudas mediante un ingreso proporcional al salario que dejó de percibir el trabajador en su último empleo. Está coordinado con las Comunidades Autónomas.

Puedes inscribirte como demandante de empleo cumpliendo con los requisitos exigidos; como ser mayor de 16 años, aportar el Documento Nacional de Identidad y la tarjeta de la Seguridad Social y otros documentos como títulos de formación, experiencia, idiomas, etc.

> *"Que gane el quiero la guerra del puedo."* Joaquín Sabina (1949-). Cantautor español.

El *Servicio Público de Empleo de la Comunidad Autónoma*, es un organismo dependiente de cada administración autonómica cuya misión, generalmente, es la intermediación laboral, esto es, poner en contacto a los trabajadores y a las empresas con el fin de que los primeros consigan un puesto laboral y las segundas tengan asegurada una plantilla óptima. Además, entre sus objetivos está fomentar el empleo, la formación, la orientación y la información de los solicitantes.

Las nuevas tecnologías te facilitan consultar esta información vía Internet, a través de sus páginas web, y realizar muchas gestiones on-line (algunas precisan firma digital). También puedes conocer ofertas de empleo, contestarlas y estar a la última a través de tu e-mail. A veces es necesario solicitar unas claves de acceso, que debes anotar para poder consultar periódicamente.

Servicios de empleo privados

Existen empresas privadas cuya misión es contactar con demandantes de empleo y contratar personal, con carácter temporal, para que trabajen en empresas que los necesitan. Las denominadas *Empresas de Trabajo Temporal (ETT)*, tratan de satisfacer esas necesidades, mediante contratos ajustados a la normativa, de acuerdo con los Estatutos de los Trabajadores, cumpliendo con los salarios estipulados, la formación en materia de riesgos laborales y otras obligaciones.

Busca en Internet y entra en algunas páginas de estas empresas, estúdialas y si lo ves interesante, ofrécete como demandante. Anota en tu "cuaderno de trabajo" estas gestiones: direcciones, información conseguida…

Cuando las ETT contratan a personal, se pueden establecer tres tipos de relaciones:

• Mercantil: entre la ETT y la empresa que demanda trabajadores. Cuando esa empresa para cubrir un puesto, solicita los servicios de la ETT.

• Laboral: entre la ETT y el trabajador. La primera busca, selecciona al segundo y lo contrata.

• Funcional: entre la empresa que demanda trabajadores y el trabajador. Éste estará al servicio de la empresa quien le dirigirá y ejercerá su autoridad.

Las ETT son conocedoras del mercado laboral. Eso es conocido por empresarios y demandantes y, tanto unos como otros, buscan en ellas el encontrar trabajadores y trabajos, respectivamente.

Se trata de una opción más, es utilizar un intermediario y ceder parte del sueldo a quien realiza la búsqueda de empleo y demás gestiones.

Las ETT ofrecen trabajos puntuales (noches, horas, sustituciones, fines de semana, etc.). Es una posibilidad temporal sin mucha proyección de futuro, pero que puede ser muy útil mientras se encuentra otra colocación, para adquirir experiencia y formación, o porque lo que en ocasiones comienza como algo puntual se convierte posteriormente en un empleo más estable.

De cualquier forma, trabajar temporalmente no te impide mantener activa la búsqueda de un empleo que mejore tu situación laboral y que te acerque a algo más acorde con tus características personales y profesionales.

Debes informarte y consultar para saber cuales son los sectores más demandados y las provincias donde se encuentran; también los que menos, a fin de no malgastar energías buscando puestos donde no se producen ofertas.

> *"Si no puedes trabajar con amor sino sólo con desgana, mejor será que abandones el trabajo y te sientes a la puerta del templo a recibir limosna de los que trabajan con alegría."* Khalil Gibran (1883-1931). Escritor libanés.

Como trabajador debes conocer la normativa vigente antes de firmar nada con una ETT. Tienen que estar claras cuestiones como el tipo de contrato, salario, periodo de prueba, movilidad, derechos, vacaciones, etc.

Prensa

Hace unos años, la prensa era un importante recurso en la búsqueda de empleo. Actualmente, con las nuevas fórmulas tecnológicas que van apareciendo con gran éxito, como Internet, la prensa ha quedado relegada a un plano inferior. Se cifra en torno al 3% los empleos que se consiguen por este medio. A pesar de ello es una opción más que no se debe desechar.

La mayoría de los periódicos tanto de ámbito nacional como autonómico, regional, local, de barrio... con independencia de la periodicidad que salgan, presentan una sección de pequeños anuncios con ofertas y demandas de empleo. Algunos incluso ofrecen un suplemento de variada regularidad dedicado a la economía y el empleo. En la actualidad existen muchos diarios gratuitos que pueden ser de gran utilidad para esta tarea. Algunas revistas especializadas o dedicadas a temas concretos también disponen de secciones relacionadas con el ámbito laboral.

Esta información es muy buena de cara a conocer cómo está la situación a diario, los trabajos más demandados, lo que las empresas o los trabajadores ofrecen, etc. Todo ello te posibilita el resituarte continuamente, lo cual te será de gran ayuda.

Cada demandante de empleo, frente a su particular contexto, puede responder a cuantas ofertas crea que le pueda interesar, según las instrucciones establecidas, y ofrecerse por si alguien pueda necesitar sus servicios. Eso sí, hay que estudiar y pensar cada caso y valorar las ventajas e inconvenientes que pueda conllevar (esfuerzo, tiempo, dinero que te gastes, sueldo, posibilidades, interés por el puesto, etc.)

> *"Pensar es el trabajo más difícil que existe. Quizá sea ésta la razón por la que haya tan pocas personas que lo practiquen."* Henry Ford (1863-1947). Industrial estadounidense.

Autopresentación o autocandidatura

Se trata de la acción de buscar empleo sin una oferta de trabajo que se haya lanzado previamente. Es la persona interesada en encontrar un empleo la que se ofrece a determinas empresas con la intención de incorporarse a su plantilla. Esta opción facilita tu labor al centrarte en aquellos puestos y empresas que verdaderamente te interesan.

Para adoptar esta forma de enfrentarte a la búsqueda de empleo debes empezar por aceptar la idea de no esperar a que te llamen, sino de llamar tú antes. Tienes que llevar tú la iniciativa y a pesar de que no haya salido ninguna oferta, ofrecerte profesionalmente.

> *"Si de verdad vale la pena hacer algo, vale la pena hacerlo a toda costa."* G. K. Chesterton (1874-1936). Escritor británico.

Para ello, puedes darte a conocer utilizando algunos de los recursos comentados anteriormente (carta de presentación, currículum vitae, blog, video, tarjetas de visita…) Recuerda que es importante ser breve y conciso, recurriendo a un medio que no quite mucho tiempo al receptor (director de la empresa, departamento de Recursos Humanos, etc.) y que llame poderosamente su atención.

Tras elegir la forma en la que vas a realizar la autocandidatura, hay que decidir cómo hacerla llegar: por correo postal, e-mail, personalmente, teléfono… El principal objetivo es que te conozcan. Procura ser original y creativo, a fin de despertar el interés de la persona que recibe la información. Asegúrate de que te ofreces para un puesto que necesita o pueda necesitar un negocio, bien por renovación del personal o ampliación de la plantilla, o simplemente porque quieres que te tengan en cuenta para otra ocasión. Eso pasa por un estudiado conocimiento previo de la empresa.

Hay que acertar con la forma más correcta de presentar esa autocandidatura, ya que dependiendo del destinatario resultará más aconsejable una manera u otra. Si por ejemplo te ofreces para trabajar en una oficina de cara al público, será más oportuno usar una presentación más conservadora, y si lo haces para formar parte de una empresa de diseño de escaparates, tendremos que dar una imagen más creativa y original.

Las autocandidaturas se pueden difundir a través de portales como Laboris, Monster, Infojobs… donde en algunos de ellos se facilita información, modelos o plantillas de documentos que puedes utilizar.

Algunos autores consideran que la autopresentación tiene gran paralelismo con vender; en este caso el producto que se vende somos nosotros. Es algo así como aplicar un método comercial a la búsqueda de empleo, esto es: buscar, contactar y convencer. En cualquier caso hay que seguir un proceso:

- Saber que puedes ofrecer. Todo lo recapacitado sobre tu autoconocimiento puede serte muy útil.

- Investiga y localiza empresas a las que presentarte en Internet, prensa, revistas, pregunta a personas, etc. Apunta todo en un registro ("cuaderno de trabajo").

- Infórmate sobre dichas empresas y organiza lo investigado por: tipo de servicio, característica, número de trabajadores, zonas, posibilidades, etc. Valora todas esas cuestiones, relaciónalas por orden de interés.

- Prepara un dossier para presentar: carta, currículum vitae, vídeo… Adáptalo a cada empresa y al puesto.

- Contacta con ellas para concertar una visita o entrevista. Utiliza todos los medios que faciliten tu objetivo: personas conocidas, teléfono, carta, e-mail…

- Preséntate y convénceles de que puedes serles útil con un mensaje claro, atractivo y original.

"Una palabra bien elegida puede economizar no sólo cien palabras sino cien pensamientos." Henri Poincaré (1854-1912). Matemático francés.

- Entrégales el dossier que preparaste con la información justa, donde puedan comprobar tus datos, formación y experiencia, así como tu deseo por trabajar en su empresa y el papel que puedes desempeñar en ella. Tienes que despertar su interés. Demuestra que eres un buen candidato.

Para poder realizar esta técnica hay que poner en práctica todas esas cuestiones que hemos tratado anteriormente: las habilidades sociales, una buena comunicación, optimismo y motivación, creatividad y originalidad, sinceridad, constancia, paciencia, etc.

CONOCER LAS ALTERNATIVAS

En este apartado veremos algunas alternativas que se tienen y la manera de cómo enfrentarte a ellas.

Participar en procesos de selección

Los procesos de selección responden a la necesidad de una empresa de incorporar a un trabajador en un determinado puesto, bien: por ser nueva, estar en expansión o ampliar algún servicio o sector; por la retirada de un trabajador (jubilación, enfermedad, despido...), o por el interés de incorporar un especialista o persona más cualificada. Para ello pueden llevar a cabo algún tipo de entrevista, concurso, prueba o examen.

El objetivo de la empresa es conseguir el mejor trabajador para cubrir un puesto y el del candidato, acceder a ese trabajo por motivaciones diversas.

Para cumplir con tus intereses debes demostrar a la empresa tener el perfil más adecuado y acorde con sus necesidades, llamándoles la atención favorablemente mediante un mensaje claro y bien presentado.

Algunas cuestiones a tener en cuenta:

• Utiliza los canales adecuados, los que la empresa conoce. De nada te sirve mandarles un correo electrónico si no tienen cuenta o no la abren.

• Tienes que acertar con el momento justo.

"Mas vale llegar a tiempo que rondar cien años." Refrán.

- Demuestra ser el mejor entre todos los candidatos.

- Trata de ir avalado por alguien en quien la empresa confía. Busca ayuda entre tus contactos.

- Aplica todo lo aprendido y reflexionado.

- Espera pacientemente una respuesta. Si pasado un tiempo no tienes noticias, infórmate con educación. Aunque te digan que no, te interesa quedar bien por si en un futuro cambian de opinión o necesitan personal.

En cualquier proceso de selección, y a pesar de la subjetividad que pudiera existir, las opciones de los candidatos aumentan cuanto mejor sea su preparación, tiempo dedicado a la adquisición de conocimientos, a las técnicas de estudio, y a la organización de un plan de trabajo a corto, medio o lago plazo. La preparación puedes llevarla a cabo tu mismo o ponerte en manos de especialistas (expertos o academias). La selección de un buen material también es fundamental.

Sea cual sea el tipo de prueba y sabiendo que cada persona está más capacitada para enfrentarse a unas u otras (siempre mejorables con ejercicios y práctica), existen unas recomendaciones generales para todas ellas:

- Asimila que sólo es una prueba y que tu vida no debe depender de ella. El que la apruebes o suspendas no te hace más o menos listo, ni mejor o peor persona.

- Estar nervioso sólo te puede servir para que el examen te salga mal. Trata de estar relajado y concentrado. Ten confianza y seguridad en ti mismo.

"La confianza en sí mismo es el primer secreto del éxito." R.W. Emerson (1803-82). Filósofo estadounidense.

- Si tiene instrucciones, léelas entendiendo lo que dice. Asegúrate de especificar bien tus datos. De nada te sirve hacer el mejor examen del mundo si no te lo pueden corregir porque olvidaste tu nombre.

- Lleva material para escribir: bolígrafos, lápices, goma y sacapuntas. También un reloj para controlar el tiempo. Ten a mano el DNI o pasaporte para identificarte.

- Debes ser sincero con aquello que contestes. No busques dar las respuestas que crees quieren oír los que corrijan tu examen. Esto es muy importante en los test de personalidad.

- Empicza por las preguntas que sabes, sigue por las que tienes dudas y termina con las que crees no saber. Calcula el tiempo y deja unos minutos para repasar.

- Trata de ser rápido a la hora de contestar. Busca la fluidez en lo que haces y no te entretengas con aquellas cuestiones que no te salen fácilmente. Quizá en un segundo repaso, la cosa vaya mejor.

- Ten claro lo que se pregunta. En las pruebas de test, comprende los calificativos usados para distinguir entre verdadero y falso o afirmaciones generales y absolutas (nada, siempre, todo…) Si no estás seguro, no interpretes la pregunta y consulta a los examinadores.

- En las pruebas tipo test, comprueba si las respuestas erróneas penalizan o no. Si no lo hacen, contesta todas sin miedo, incluso las que no sabes. Si lo hacen, no te arriesgues; lánzate sólo si no tienes nada que perder por desconocer la mayoría de las respuestas.

- También en los test, cuando dan respuestas alternativas, trata de contestar sin mirarlas. Después cotéjalas con las que te ofrecen. De lo contrario puede condicionarte de antemano.

Ofertas de empleo público

Las Administraciones públicas, bien sean estatales, autonómicas o locales, para trabajar en los servicios públicos (hospitales, limpieza, centros de enseñanza, ministerios…) convocan pruebas para seleccionar personal de acuerdo con los principios constitucionales de igualdad, mérito y capacidad. Por ello, ofertan puestos de cualificación muy variable: médicos, administrativos, peones, conserjes, profesores, conductores…

La forma de ingreso puede ser de tres tipos:

- *Concurso*: valoración del expediente académico y profesional, según criterios previamente establecidos.

- *Oposición*: examen de conocimientos y/o práctico sobre un temario cerrado.

- *Concurso-oposición*: combinación de los dos anteriores.

Aunque suelen presentarse muchos candidatos, es una opción que no se debe rechazar. Hay que intentarlo en función de los intereses y las posibilidades.

> *"¿Qué sería de la vida si no tuviéramos el valor de intentar algo?"* Van Gogh. (1853-1890). Pintor holandés.

Hoy día se contratan dos tipos de empleados: *funcionarios* (de carrera o interino) y *laborales*. La actividad de los primeros está regulada por la normativa de la administración (Estatuto de la Función Pública) y la de los segundos, por la normativa laboral común (Estatutos de los Trabajadores). La selección de personal se hace:

- *Funcionario*:

  - de carrera: puesto permanente e ingreso por oposición o concurso-oposición.

  - en prácticas: periodo temporal; desde que se aprueba hasta su ingreso definitivo.

  - de empleo interino: puesto temporal; ingreso mediante una lista.

- *Personal laboral*:

  - para un puesto permanente: selección mediante un concurso-oposición.

  - para un puesto temporal: bolsas de trabajo.

El ingreso como funcionario interino o contratado laboral temporal suele variar. Normalmente depende de bolsas de empleo formadas por los que en la última fase de oposición no obtuvieron plaza o un concurso de méritos, ordenados según su puntuación.

El personal funcionario se distribuye en cuerpos, escalas y especialidades, según la titulación exigida.

Para conocer las plazas ofertadas se pueden consultar los boletines oficiales, páginas web de organismos o de empleo, academias de estudio que preparan oposiciones, medios de comunicación.

Localizada la convocatoria, hay que estudiar las bases, donde encontrarás: el tipo de puesto, a quien se dirige, requisitos, procedimiento, documentos exigidos, listas, pruebas, temario, tribunal, fechas y plazos, etc.

Las Administraciones Públicas anuncian cada año una Oferta Pública de Empleo (OPE). Tras ello, se ofertan las plazas mediante una convocatoria pública, donde se detallan los requisitos y el sistema de selección.

Toda convocatoria debe tener una información básica: tipo de puesto, número de plaza, forma de selección, requisitos del candidato, tasas, tipo de pruebas, baremos, temario, tribunales, proceso...

Superadas las pruebas, se firma un contrato entre el futuro empleado público y la Administración.

Debes ser realista y valorar las posibilidades de presentarte a determinadas pruebas: número de plazas, tipo de examen, temario, tiempo de preparación, precio, méritos (si hay fase de concurso), posibles opositores, si es la primera vez que te presentas o no, etc. Teniendo en cuenta todo ello tienes que invertir más o menos tiempo y esfuerzo. Por ejemplo, si sólo hay una plaza y miles de opositores, será muy difícil, pero siempre puede ser bueno para practicar y conocer la mecánica de cara a otras pruebas con más opciones.

El sueldo de un empleado público se ajusta a la normativa, con unas retribuciones básicas (sueldo base, trienios, pagas extraordinarias) y unas complementarias (según el puesto, destino o productividad).

Autoempleo

El autoempleo es una actividad laboral donde una persona trabaja para ella misma, por cuenta y riesgo propio, en un negocio, comercio u oficio que es de su propiedad, el cual dirige, gestiona y administra, y del que obtiene unos beneficios. Se trata de una alternativa al actual mercado laboral, donde las empresas y los organismos públicos ralentizan las contrataciones. Es una buena opción para todos aquellos que no encuentran empleo o quieren ser su propio jefe sin depender de nadie. El autoempleado no solo crea su propio puesto de trabajo, en ocasiones puede generar empleo y riqueza para otros, en beneficio de toda la sociedad.

Para llevar a cabo esta opción es necesario ser emprendedor y asumir acciones que encierran cierto peligro o de resolución dificultosa o azarosa, como exponer tu capital y tu esfuerzo. Todo ese gran sacrificio debe ser contrarrestado con mucha ilusión e ingenio. No te lances si desconoces los riesgos a los que te enfrentas; asúmelos sólo cuando tengas todo bien calculado.

Ser emprendedor es el producto de factores personales y circunstancias contextuales: la necesidad, la oportunidad, el deseo de independencia, la motivación, tener una idea original, etc. Ser emprendedor es una capacidad que puede ser entrenada y mejorada.

"No es que nos falte valor para emprender las cosas porque sean difíciles, sino que son difíciles precisamente porque nos falta valor para emprenderlas." Séneca.

Hay que aprender todo lo posible sobre el negocio que pretendes y hacerlo mejor que la competencia, siendo flexible y capaz de adaptarte a las circunstancias y demandas del mercado. Tu oferta debe ser distinta, creando la necesidad al público al que te diriges, llegando a ellos de la manera fácil. Debes conocer a los futuros clientes, sus intereses, la forma de contactar, de darles lo que desean o lo que puedes aportarles.

Busca y analiza modelos que hayan tenido éxito. Habla con personas que triunfaron en sus empresas o negocios. Piensa que cualquier iniciativa emprendedora, por muy buena y original que sea, solo tendrá éxito si alcanza el reconocimiento social. Esto es, hay que saber conectar las ideas y habilidades personales con los gustos, las características y necesidades del mercado.

No dejes de trabajar en lo que te gusta, aunque algunos crean que si lo haces no saldrás de pobre. Prepárate, déjate aconsejar y lánzate con prudencia, olvidándote de miedos o fracasos. No valores el éxito cuantificando sólo los beneficios económicos, fíjate también en los de otro tipo (tranquilidad, esfuerzo, posición, salud, etc.)

Estudia y valora la posibilidad de emprender un negocio con alguien que te inspire confianza y seguridad. Podéis constituir una sociedad complementando vuestras cualidades y capacidades, repartiendo el trabajo y compartiendo los riesgos. Es bueno saber vincular los conocimientos personales con los de otras personas.

"Con los negocios sucede lo mismo que con el baile: hácese indispensable que las personas bailen al compás." J. W. Goethe (1749-1832). Escritor alemán.

A veces una idea no funciona por sí sola, pero si dentro de otro negocio. Si eres especialista en tai-chi puede que sea difícil dedicarte a su enseñanza por sí solo, pero tal vez, asociándote con otros que puedan enseñar danza, yoga, judo o circo, tu propósito tenga más futuro.

Hay que saber rodearse de un buen equipo de personas (socios, empleados, proveedores, clientes…), transmitiéndoles bien la información para que entiendan perfectamente el proyecto, se ilusionen con él y lo apoyen, con el fin de despegar y rentabilizar el negocio.

Si te lanzas a la aventura del autoempleo, ten en cuenta que hay mucho por hacer, empezando por una idea original, la habilidad para desarrollarla y los recursos necesarios. Después llegará el mantenimiento, los proveedores y los clientes. Debes saber que la mayoría de los nuevos emprendedores fracasan (en torno a un 70%) antes del segundo año y sólo la mitad de los que han pasado esa barrera continúan diez años después.

En ocasiones, algunas personas realizan unas actuaciones correctas a favor del autoempleo, pero su negocio no tiene unos resultados favorables. Y es que no siempre se consideran todas las posibles variables. Me comentaba un amigo cómo su hijo tuvo que cerrar su empresa porque muchos de los clientes no le pagaban, algo con lo que inicialmente no contaba. Ten presente que si no alcanzas los resultados que esperabas siempre habrá quien te diga que lo deberías haber hecho de otra manera (claro, una vez ocurrido los hechos). Eso no debe desanimarte si hiciste lo que en su momento pensaste que era lo mejor.

"Cuando el carro se ha roto, muchos nos dirán por dónde no se debía pasar." Proverbio turco.

Hay que ser conscientes de que muchas veces las cosas no son ni fáciles ni justas. Pero tenemos que contar con ello. A veces a los nuevos empresarios se les exige para la apertura de su negocio (gimnasio, cocina, peluquería) una serie de condiciones y requisitos: salidas o luces de emergencia, aseos, apertura de puertas, insonorización, etc. Esas demandas no siempre son inspeccionadas y exigidas de la misma forma cuando se trata de una asociación, colegio, parroquia... Uno se pregunta, ¿son o no son necesarias esos requisitos? Y si lo son, ¿Por qué no se controla igual a todo el mundo? Ante esto los empresarios deben reunirse y luchar asociados para demandar un trato igual para todos.

Hay que establecer un equilibrio y repartir el tiempo entre pensar, planificar y actuar. Escucha a todo el mundo. Sigue los consejos de quien te dice las cosas con fundamento y no hagas caso a quienes hablan sin saber. Recuerda que la responsabilidad, confianza, disciplina y perseverancia, son buenas aliadas del éxito.

"Siéntate, camina o corre, pero no vaciles." Proverbio Budista Zen.

Los gobiernos u organismos públicos suelen llevar a cabo medidas para incentivar el autoempleo, mediante cursos de formación, subvenciones o exención de impuestos. Investiga si existe alguna ayuda de este tipo que te pueda interesar. También hay asociaciones o profesionales que te pueden asesorar gratis o con un coste bajo. En Internet puedes encontrar diversas páginas donde encontrarás información para crear tu propio negocio: modalidades, fuentes de financiación, experiencias, sectores con más futuro, recursos, etc.

Cuando se habla de autoempleo se engloba a trabajadores autónomos y a contratados por honorarios y por su trabajo o especialización (comisionistas, freelance, profesiones libres...) También hay quienes incluyen en estas actividades los accionistas de nuevas empresas (pymes, startups o franquicias)

Franquicias

Una franquicia es una colaboración entre dos partes, donde una de ellas cede el modelo de su negocio a la otra, concediéndole, durante un tiempo acordado, los derechos para la explotación de su producto, la actividad y el nombre comercial, a cambio de cierta remuneración económica.

Es una buena posibilidad para el desempleado emprendedor que quiere apostar, minimizando los riesgos, por un proyecto que le ofrece confianza y garantía. Ésta se apoya en una red ya existente, con un nombre, una imagen y unos productos de calidad conocidos por la comunidad donde se emplaza. Además, se aprovecha la publicidad o la distribución, lo cual le proporciona una gran fortaleza dentro del mercado y por lo tanto, cierta seguridad sobre unos mínimos de rentabilidad. De alguna manera el que ofrece la franquicia proporciona la experiencia (gestión, dirección, formación...), mientras que el que la adquiere aporta el espíritu empresarial y emprendedor (ilusión y trabajo).

"Prefiere el bastón de la experiencia al carro rápido de la fortuna. El filósofo viaja a pie." Pitágoras (580 a.C. – 495 a.C.). Filósofo y matemático griego.

Según las estadísticas, son un porcentaje minoritario las franquicias que se cierran antes de un año de su apertura, frente a un porcentaje mayoritario de los negocios que fracasan iniciándose de forma individual.

Debes contemplar las franquicias como una opción más para salir de la situación de desempleo. Existen muchas que pueden resultar de tu interés, negocios de hostelería, peluquerías, gimnasios, librerías, etc. Debes estudiar a fondo este tipo de negocios, informándote, valorando las ventajas e inconvenientes, reflexionando y, después de todo, pasando a tomar la mejor decisión.

Cooperativas

Las cooperativas se fundamentan en los valores democráticos, la ayuda mutua, la igualdad, la solidaridad, la equidad y la responsabilidad. Las *cooperativas de trabajo* son asociaciones autónomas de personas que se unen voluntariamente para crear, mantener o mejorar puestos de trabajo para los socios, durante un tiempo completo o parcial. Se rigen por una organización democrática, administrada y gestionada por acuerdo entre los propios socios. Su objetivo es hacer frente a los interese comunes (económicos, sociales y culturales) de los socios mediante una empresa para la producción de bienes o servicios. La tipología de estas cooperativas puede ser muy variada, de acuerdo con la diversidad de necesidades y aspiraciones de los socios: de artesanía, enseñanza, agricultores, abogados, hostelería, periodistas, etc.

El inglés Robert Owen (1771-1858) fue un reformador social que llevó a cabo mejoras en las condiciones de vida de sus propios obreros. Redujo el horario de trabajo, consiguió limitar la jornada laboral de mujeres y niños, fundó colonias comunitarias donde la producción y el consumo se hacían en común. Defendía un cambio, sustituir el espíritu competitivo de los hombres por el cooperativo. A él se le atribuye ser el primero en emplear en este sentido el término *cooperación*.

Las cooperativas están reguladas mediante una legislación que difiere según el país donde se establezca. Suelen precisar un número mínimo de socios y un capital social; además de un mínimo desembolso inicial y máximo porcentaje por socio. La remuneración de los socios puede variar; suele ser un salario en proporción a su actividad (no al capital aportado) y un reparto de beneficios (excedentes) según su aportación.

Algunos gobiernos proporcionan ayudas y subvenciones para iniciar o desarrollar este tipo de actividades. Además, participar en una cooperativa puede tener ciertas ventajas fiscales.

"La sociedad no son los hombres, sino la unión de los hombres." Montesquieu 1689-1755). Pensador francés.

Participar como socio en una cooperativa, bien uniéndose a alguna ya existente o creando una propia junto a amigos o familiares, es una opción a tener en cuenta. Existen asociaciones donde te pueden ayudar a emprender un proyecto de estas características (por ejemplo en España se encuentra la "Confederación Española de Cooperativas de Trabajo Asociado"). Si estás interesado, busca donde o alguien que te pueda informar y ayudar a ello, asesorándote, facilitándote la realización de trámites con la Administración o dándote ideas para que tu sueño pueda hacerse realidad con garantías de éxito.

En muchos países las cooperativas están muy extendidas (en Latinoamérica son comunes) y según ciertos estudios esta forma de emprender trabajos en grupo tiene más posibilidades de mantenerse que otras. Es una fórmula habitual de colectivos de inmigrantes, quienes tratando de prosperar en un país extranjero, se unen para salir adelante. En España, por ejemplo, el 10% de las cooperativas están creadas por inmigrantes.

> *"La unión en el rebaño obliga al león a acostarse con hambre."* Proverbio africano.

Entre las ventajas de las cooperativas, muchos asociados destacan el que todos trabajan al unísono, en un clima de diálogo y entendimiento, sabiendo que cuando la empresa obtiene beneficios y crece, crecen y obtienen beneficios todos.

Voluntariado

El voluntariado define a un grupo de personas que se ofrecen libremente y por iniciativa propia para trabajar en algo. Si bien la palabra voluntario hace referencia al que trabaja por voluntad y no por obligación o imposición exterior, es muy frecuente que se relacione con quien trabaja sin remuneración o salario, dedicado a una ocupación en beneficio de una comunidad (normalmente apoyando a los más necesitados) o del medio ambiente.

> *"Más vale encender una vela que maldecir la oscuridad."* Proverbio chino.
>
> *"Todo lo que no se da, se pierde."* Proverbio indio.

Este tipo de trabajo voluntario debe ser intencionado para alcanzar un objetivo, desinteresado, y justificado al buscar un beneficio para las personas. Tiene que complementar la labor de otros profesionales dedicados a la administración pública o la acción social, pero nunca sustituirlos.

Existen muchos tipos de voluntariado en función de las áreas a las que se dedica, la finalidad, la forma de involucrarse, las zonas de intervención, el tipo de proyecto, la responsabilidad que tiene, etc.

Las personas desempleadas tienen una buena opción de invertir parte de su tiempo (algo que en esos momentos les sobra) en esta importante labor social. Ello, no proporciona un trabajo remunerado de forma inmediata, pero sí puede aportar unos beneficios personales. Ayudar socialmente hace sentirse útil, favoreciendo la autoestima y el equilibrio emocional. La observación de otras realidades de personas más desfavorecidas relativiza la situación en la que uno se encuentra. Ocupar parte del tiempo relacionándose con otras personas es bueno para distraer la mente y contribuye a no caer en angustias o depresiones. Mejora las capacidades personales y especialmente las habilidades sociales y proporciona experiencia. Además, aporta al currículum personal un valor añadido. Todo ello sin olvidar la importante labor social que cualquier voluntario realiza con su trabajo.

> *"Actualmente la crueldad más grande es la indiferencia. Conocer pero no actuar es una forma de consentir las injusticias."* Elie Wiesel (1928-). Escritor estadounidense de origen rumano; premio Nóbel de la Paz 1986.

Trabajar como voluntario aumenta las posibilidades de encontrar empleo, sobre todo en lo relacionado con la acción social. Hay empresas que lo valoran mucho por considerar que quienes lo hacen son personas responsables, serias, buenas, implicadas en su labor… En ocasiones empezar como voluntario en una fundación, ONG o asociación te facilita, con el tiempo, seguir dentro de ella o de otra, ocupando un puesto (a veces de más responsabilidad), como asalariado dentro de la organización. También el dedicarse a estas tareas ofrece la posibilidad de conocer a más personas con intereses comunes, aumentando así las relaciones sociales y con ello ampliando esa importante red de contactos que puede llevarte a alcanzar el trabajo deseado.

Ser voluntario conlleva una serie de derechos que debes conocer antes de aceptar cualquier propuesta, como: trabajar con buenas condiciones de seguridad e higiene, ser tratado sin discriminación y con respeto, recibir información y formación, estar asegurado, tener una credencial, etc. Infórmate bien de todos tus derechos y obligaciones antes de firmar o aceptar nada.

Entre las maneras de involucrarse como voluntario hay dos posibilidades: una formal (dentro de una organización no lucrativa) y otra no formal (de manera individual o en grupos no registrados). Aunque ambas son lícitas e interesantes, siempre aporta un poco de más prestigio y credibilidad, a la hora de encontrar un empleo, la primera opción.

Existen iniciativas para certificar (a través de colaboraciones entre fundaciones y universidades) las aptitudes adquiridas en el trabajo de voluntariado, de cara a poder incluirlo en un currículum personal y con el fin de facilitar la posibilidad de encontrar empleo. Es una forma de acreditar que la persona que lo posee tiene adquirida una serie de habilidades y experiencias.

Algunas personas piensan que si un individuo empieza como voluntario creyendo que eso le llevará a un puesto de trabajo remunerado, desvirtúa el sentido altruista y solidario de este tipo de acción social. Aquí cada uno debe reflexionar, meditar sobre el tema, y obrar en consecuencia según le dictamine su conciencia.

> *"Todo lo que hacemos es una gota en el océano, pero si no lo hacemos, esa gota siempre faltará."* Madre Teresa de Calcuta. (1910-1997). Religiosa albanesa de nacionalidad india; premio Nóbel de la Paz 1979.

Seguros de desempleo

El seguro de desempleo, también llamado subsidio o seguro de paro, es un pago (proporcional al empleo perdido o una cuantía básica) que los gobiernos realizan de modo temporal a los desempleados, que generalmente pertenecen al régimen de la seguridad social. Cuando una persona se queda sin trabajo debe informarse de si le corresponde cobrar y en caso afirmativo saber cuánto, la duración, requisitos, etc. Hay que estudiar cuándo es más conveniente solicitar esa cuantía, que será una importante ayuda en esos momentos difíciles. Pero indudablemente, ésta iniciativa tiene que entenderse como una opción transitoria que debe durar el menor tiempo posible, por el bien del desempleado y del Estado que la gestiona.

Pero además, dado que el seguro referido, por circunstancias diversas no llega a todos los ciudadanos o que las cantidades cobradas son muy pequeñas, están apareciendo nuevas fórmulas. La inseguridad en el trabajo condiciona a las personas a la hora de pedir un préstamo personal (a veces con la intención de emprender un negocio) o hipotecario. Para ello, en la actualidad existen unos *seguros para protegerse en situación de desempleo* cuyo objetivo es cubrir las cuotas de uno de esos préstamos o créditos en caso de desempleo o incapacidad temporal por enfermedad u hospitalización (según la póliza). Es una buena opción cuando la situación económica no es muy buena y hay que seguir afrontando las facturas familiares.

Pero en ocasiones, no basta con tener una seguridad en una determinada situación, por mucho que te lo digan, si tú no la sientes como tal. Es necesario que seas tú el que te encuentres seguro.

> El pequeño Lucas se había despistado de su madre y lloraba perdido en los pasillos de un gran hospital. Un grupo de médicos y enfermeras lo encontraron y trataron de calmarlo.
>
> - "Tranquilo, ahora estás seguro." Le dijeron.
>
> Pero ni esas palabras, ni estar rodeado de un excelente equipo de profesionales que salvaba muchas vidas humanas, parecía tranquilizarle, por lo que seguía llorando desconsolado.
>
> Al momento llegó su madre. Tan solo su visión y el reconfortante abrazo materno hicieron que el pequeño se sintiera seguro y dejara de llorar.

Hay que saber que no todos los trabajadores pueden contratar estos seguros, sólo clientes con ciertos requisitos y cargas familiares. Así, por ejemplo, entre las condiciones que las entidades (bancos, cajas o aseguradoras) establecen está la de tener un contrato indefinido o llevar más de seis meses trabajando ininterrumpidamente para la misma empresa. En cualquier caso, para no tener sorpresas o decepciones, hay que estudiar minuciosamente este tipo de seguros, que no todos ven con buenos ojos, y leer muy bien, como se suele decir, "la letra pequeña".

"La desconfianza es madre de la seguridad." Aristófanes (444 a.C. - 385 a.C.). Comediógrafo griego.

Profesiones con futuro

Aunque parezca extraño, es normal que a pesar de las elevadas cifras de parados, existan profesiones que en determinados periodos, presentan una alta oferta de empleo. Por ejemplo, actualmente están muy demandados los universitarios especializados, generalmente en la rama tecnológica, con dominio de informática e idiomas. Todo lo relacionado con las nuevas tecnologías, el mundo digital y de Internet también es un sector en auge. Si sabes manejar equipos informáticos, diseñar una página web, crear un videojuego o publicitar un producto en la red, es muy posible que no te falte trabajo. Pero hablamos sólo del presente, pues la sociedad en la que nos desenvolvemos se encuentra inmersa en un proceso de continuo cambio, y en lo referente a Internet, mucho más.

Hoy en día, también son muy ofertadas plazas de: médicos para dedicación a la industria farmacéutica, radiólogos, anestesistas, cirujanos; músicos (contrabajista o fagotista); expertos en derecho y fiscalidad internacional; turismo; traductores, psicólogos para el trabajo en empresas, ingenieros medioambientales, especialistas en robótica o mecatrónica. Profesiones y campos donde, incluso un profesional no muy bueno, puede llegar a ganar cifras astronómicas.

"El futuro tiene muchos nombres. Para los débiles es lo inalcanzable. Para los temerosos, lo desconocido. Para los valientes es la oportunidad. Victor Hugo (1802-1885). Novelista francés.

Sea cual sea la especialidad, es necesario en todos los casos, poseer un gran domino, conocimientos y capacidad de: idiomas, informática y nuevas tecnologías, y coordinación y gestión de recursos.

Siempre están muy valorados los profesionales dispuestos a desplazarse y a cambiar de residencia. Es una necesidad de todas aquellas empresas con intención de expansión a nivel nacional o internacional.

Es una realidad, muy presente en la actualidad, que ante la falta de empleo los jóvenes se marchen fuera de sus países de origen allá donde puedan existir ofertas de trabajo. Es una opción que hay que estudiar muy concienzudamente y valorar bien todas las posibilidades, emigrando solo cuando se tenga cierto control y seguridad, a fin de evitar pasar algunos malos momentos.

Pero recuerda que es difícil hacer un proyecto a muy largo plazo. Desconocemos cuales serán las profesiones que se necesitarán dentro de diez años. Céntrate en el presente.

"Lo pasado ha huido, lo que esperas está ausente, pero el presente es tuyo." Proverbio árabe.

Piensa que no son las carreras o la experiencia las que tienen salidas, son las personas las que con su trabajo las encuentran.

Hay quienes han recibido muy buena formación y poseen muchos títulos, pero no consiguen encontrar un trabajo acorde a sus intereses. En cambio, los hay que, con una formación más limitada o con una carrera con menos salida, siempre tienen un empleo con el que sentirse satisfecho. En muchas ocasiones, la diferencia radica simplemente en esa ilusión, optimismo y ganas que cada uno pone a aquello que hace.

ELABORAR UN PLAN Y UNA ESTRATEGIA

Si las cosas no van como tú quieres, tal vez te estés empeñando en hacer algo que no está bien o en moverte por un camino equivocado. Ya hemos visto que si esto ocurre, hay que buscar un nuevo proyecto profesional y este puede ser un buen momento de variar la dirección. Cambia tu discurso y tu manera de actuar y busca nuevas formas de abordar la situación. Con frecuencia, lo conseguido en épocas pasadas no garantiza un futuro prometedor, siendo necesario modificar las decisiones tomadas con anterioridad.

Eso no quiere decir que te lances a un cambio si no estás preparado. No es recomendable dejar la seguridad que se posee hasta conseguir otra nueva. Tampoco es necesario revolucionar todo de una vez, de una manera drástica. Se pueden ir introduciendo pequeños cambios que faciliten el proceso.

Debes investigar y estudiar las alternativas que tienes y considerar ciertas cuestiones en relación a tus valores, aptitudes, personalidad, coherencia con tus objetivos… Hay que evaluar todas las ventajas y los inconvenientes, decidiendo sobre cada una de esas elecciones (teniendo en cuenta la opinión familiar y de otras personas que te rodean). A partir de ahí, tienes que elaborar y establecer un plan y una estrategia.

"La vida es aquello que te va sucediendo mientras te empeñas en hacer otros planes." John Lennon (1940-1980). Músico y compositor inglés.

Todo buscador debe aprender a valorar y conocer sus preferencias profesionales, de forma libre y responsable. Esto viene muy bien de cara a llevar a cabo ese plan y proyecto, teniendo en cuenta todas las opciones conocidas.

Para elaborar adecuadamente un buen plan de acción debes tener presente tus capacidades, objetivos, contexto, recursos, creencias y valores, mercado laboral, etc. Para ello puedes plantearte una serie de preguntas y darles respuestas meditadas:

- ¿Qué se pretende? (Objetivos).

- ¿Para qué? (Competencias a desarrollar).

- ¿Sobre qué? (Contenidos).

- ¿A quién? (Destinatarios).

- ¿Cómo hacerlo? (Metodología).

- ¿Con qué cuento? (Recursos materiales y humanos).

- ¿Cómo lo he hecho y qué he conseguido? (Evaluación del proceso y resultados).

Es interesante que el plan de empleo lo concretes por escrito en tu "cuaderno de trabajo". Es muy importante saber lo que quieres, esto es, señalar los objetivos a conseguir a corto (mañana voy a…, consultaré a diario…, realizaré un listado de…, esta semana mi frase será…) y medio plazo (adquirir mejor nivel de…, visitar todas las empresas de…, estudiar las posibilidades de una franquicia…) También los compromisos que te marcas para conseguirlos. Define los pasos que tendrás que dar para las metas planteadas.

Realizar un "estudio de mercado" entre empresas que buscan personal. Ponerse en contacto y entregarles el CV, siempre es algo que debe figurar en tu plan.

De cualquier forma, puedes dedicarte mucho tiempo a pensar y planificar, pero nunca conseguirás nada si no das un paso más allá y pones manos a la obra con el fin de obtener unos resultados evidentes y satisfactorios. Según pases a la acción y vayas consiguiendo ciertos logros, ganarás confianza y seguridad para alcanzar tu objetivo de tener un trabajo.

> *"No podemos cambiar nada en nuestra vida con la intención solamente [...] La intención sin acción es inútil."*
> Carolina Myss. Teóloga norteamericana.

Recuerda alguno de los aspectos comentados a la hora de preparar tu plan de actuación:

- Organízate el día, dejando espacios para imprevistos. Sé flexible y acepta los cambios.

- Principios y convicciones inflexibles pueden ser un gran lastre que te impida la movilidad y la búsqueda.

- Siempre es más eficaz centrarse en una tarea que intentar llevar varias a la vez.

- Pide ayuda, pero a las personas adecuadas.

- Separa los problemas reales de los imaginarios o de los que no los son aún.

- Aprende a decir que no.

- Tú eres lo que tú quieras hacer contigo mismo.

- La única persona que te acompañará toda tu vida eres tú mismo.

Si quieres que tu plan te proporcione unos resultados satisfactorios, una buena estrategia es llevar a cabo una buena negociación.

La negociación

Negociamos en multitud de situaciones de la vida. Negociar es tratar algún asunto procurando su mejor logro. No es otra cosa que llegar a un consenso entre las partes implicadas, partiendo de la posición en la que se encuentran, mediante una observación, un procesamiento de la información y unos intereses particulares.

Los dos principales objetivos que hay que tener en cuenta en toda negociación son: llegar a un acuerdo que beneficie a ambas partes (conociendo los distintos puntos de vista) y que el mismo no perjudique sensiblemente a nadie.

Las situaciones de crisis conllevan que los demandantes de empleo bajen sus expectativas del trabajo buscado (menos sueldo, más horas, peores condiciones...) Las empresas, conocedoras de esa realidad, intentan aprovecharla y ajustan unas condiciones más a su favor. Por ello, debes tener la mejor carta de presentación y saber negociar el producto, que, en este caso, eres tu mismo.

Cada negociación es diferente en función de la situación en la que tú te encuentres o lo que pretendas (primer empleo, parado de larga duración, estudiante que quiere una ayuda, adquirir experiencia, complemento a otro trabajo, etc.) y en la que se encuentre la empresa o persona con la que negocias. Cada negociación es exclusiva, y como tal hay que abordarla, pero las experiencias de situaciones semejantes (personales o de otras personas) pueden sernos de gran ayuda.

Para negociar es fundamental poseer cuanta más información mejor, empezando por un profundo autoconocimento. Además es necesario tener confianza en ti mismo, sin ser prepotente, teniendo una visión real de la situación.

> *"Dos son las cualidades que hacen un espíritu vigoroso: la fe en la verdad y la confianza en sí mismo."* Séneca (2-65 a .C.). Filósofo latino.

Las siguientes ideas a la hora de negociar pueden servirte como estrategia:

- Planifica y organiza la reunión: escribe los temas que quieres tratar y preguntar, prepara tu ropa, utiliza tus habilidades sociales, ensaya la forma de hablar ante un espejo o con una grabadora. Ten muy claros tus objetivos.

> *"Si dispusiera de ocho horas para cortar un árbol, dedicaría seis a afilar mi hacha."* Abraham Lincoln (1809-1865). Político y presidente de los EE.UU.

- Infórmate entre tus contactos u otras personas sobre la situación que quieres negociar.

- Ten claro lo básico, lo imprescindible y lo secundario; lo que estás dispuesto a aceptar a favor de otras cosas.

- Trata de ver todas las posibilidades existentes, tanto desde el punto de vista propio como del ajeno.

- Conoce las expectativas de los implicados e intenta que todas las partes puedan acoplarse de la mejor manera obteniendo el mayor beneficio y el menor perjuicio.

- Es importante saber ponerse en el lugar del otro. Hay que flexibilizar posturas. Dejar las cabezonadas a un lado ("si no consigo esto, me levanto y me voy").

- Debes dar una impresión de confianza, seguro y con ideas claras, sin aparentar superioridad. Tampoco debes mostrarte sumiso o débil y dispuesto a todo, aunque tengas dudas. Eso puede llevar al empresario a presionarte y a que aceptes algo no muy bueno para tus intereses.

- Aborda el tema del salario en un segundo momento, dando a entender que, aunque es una cuestión que te preocupa, no es tu principal interés.

- Ten la seguridad de que la persona con la que hablas se entera bien de lo que quieres.

- Prepara varias alternativas por si la reunión no se desarrolla como deseas y ten siempre presente cuales son tus límites, a qué estás dispuesto y a qué no.

- Si puedes escribe sobre lo tratado y anota las ventajas e inconvenientes.

- Siempre debes tener un tiempo para pensar antes de dar una respuesta a una propuesta. No tienes que contestar de inmediato, medita lo que necesites. Desconfía del que te presiona. Negocia ese tiempo para la reflexión y para consultar con personas en las que confías. Ten paciencia, trata de ser rápido, pero no tengas prisa.

> *"La rapidez que es una virtud se convierte a veces en un defecto que es la prisa."* Gregorio Marañón (1887-1960). Médico, científico y pensador español.

LA TOMA DE DECISIONES

Habitualmente las personas se ven abocadas a tomar decisiones para tratar de lograr un objetivo o un deseo. La toma de decisiones es seleccionar y elegir entre dos o más posibilidades. Es un proceso de resolución de un conflicto mediante el procesamiento de la información precisa, con el fin de llegar a una elección satisfactoria sobre algo que atañe a nuestras vidas.

Tras disponer de la información necesaria y valorar las alternativas, y antes de arriesgarte a tomar una decisión, es muy bueno madurar las consecuencias de esa elección. Cualquier decisión conlleva cierto riesgo y por lo tanto hay que pensar lo más objetivamente posible, estudiando las ventajas e inconvenientes y buscando formas de resolver los problemas, para evitar el fracaso.

> *"El hombre que decide verlo todo con claridad antes de decidir nunca decide."* H.F. Amiel (1821-81). Escritor suizo

A la hora de tomar decisiones es fundamental que seas consciente y sepas medir y cuantificar el riesgo, conocer las posibilidades reales y que tengas confianza en ti mismo y en otras personas (con más conocimientos y experiencia) que te puedan apoyar.

Acertar en la toma de decisiones, elegir entre distintas alternativas o formas para resolver una situación, implica analizar y reflexionar sobre cuestiones tratadas, siguiendo un orden que pasa por varias fases:

- Identificar el problema, consciente de la situación.

- Conocerse a sí mismo y las circunstancias.

- Analizar el problema existente.

- Estudiar las alternativas y valorar los pros y contras.

- Elegir la mejor opción que más conviene.

- Elaborar un buen plan de acción.

- Evaluar el proceso y los resultados.

Todas las personas tienen la libertad de adoptar la decisión que crean más conveniente para sus intereses o de los que le rodean. Cuando buscas un empleo o un cambio para mejorar el que posees, tienes que decidir muchas cosas antes de actuar. Este es un proceso continuo de carácter cognitivo, social y emocional. Requiere una constante revisión según las nuevas informaciones que llegan al individuo y una intencionalidad (conocer el problema y querer resolverlo). La persona debe sentirse identificada con las decisiones tomadas. Esa decisión es la elección final que sigue a la deliberación consciente y reflexiva.

Nunca debes aceptar algo por creer que es lo que le gustará a otra persona, por la presión de alguien o por dejarlo en manos del azar.

Una decisión mal tomada puede ser un tiempo perdido y unas oportunidades desaprovechadas. Hay que hacerlo con la mayor confianza, seguridad y eficacia. Sin miedo al fracaso, valorando todas las opciones y eligiendo la mejor, conscientes en todo momento de lo que hacemos y decidimos. Si a pesar de ello los resultados no son lo que esperábamos, no debemos sentirnos culpables ni lamentarnos, hiciste lo que concienzudamente creías más oportuno y nada es inútil ni queda en saco roto.

> *"Algunas veces hay que decidirse entre una cosa a la que se está acostumbrado y otra que nos gustaría conocer."* Paulo Coelho (1947-). Escritor brasileño.

Además de ser necesario tener una información adecuada y detallada, para la toma de decisiones también es conveniente una buena orientación. Y es que este proceso puede aprenderse, entrenarse y mejorarse mediante el desarrollo de habilidades cognitivas y sociales. Un orientador o leer sobre este tema pueden serte de gran ayuda.

Se han establecido dos grandes bloques para agrupar los diferentes modelos de toma de decisiones:

- Modelos descriptivos: las decisiones son tomadas como un fenómeno natural o cotidiano, analizándose los procesos que efectúan las personas.

- Modelos prescriptivos: buscan establecer reglas de decisión para disminuir los errores del proceso.

Pero no solo es saber tomar decisiones, también hay que querer tomarlas, con intencionalidad y decisión, siendo sistemático y proactivo, controlando en todo momento las emociones.

Algunas cuestiones a tener en cuenta en la toma de decisiones relacionadas con el mundo laboral son:

- Reflexiona bien todo durante un tiempo prudencial.

- No busques trabajos que no te gustan, porque estén de moda, te lo diga alguien o se gane mucho.

- Amplía el horizonte y busca nuevas posibilidades.

- El dinero debe ser un factor, pero no el único.

- Ten en cuenta lo que dicen personas de tu confianza y admite su ayuda cuando sea necesaria. Eso no quiere decir que decidan lo que tú tienes que hacer.

25 CONSEJOS BÁSICOS

Hay personas que piensan que es un atrevimiento dar un consejo, a pesar del apoyo en los conocimientos y la experiencia de quien los ofrece. Y es cierto que dar un buen consejo no siempre resulta una tarea fácil. No faltan los que no encuentran dificultad en ello, pero sí en saber entender y aceptar esos consejos dados.

> *No hay cosa más fácil que dar consejo ni más difícil que saberlo tomar.* Lope de Vega. (1562-1635). Escritor español.

La persona a la que se dirigen los consejos tiene que tratar de empezar por disponer su mente abierta, libre de prejuicios y dispuesta a entender éstos como una opción de ayuda. Nunca tienen que entenderse como un mandato o una orden taxativa; cada cual debe tomar la parte que le interese, adaptándolos y contextualizándolos conforme a sus capacidades, personalidad y necesidades.

De cualquier forma siempre es bueno que la persona aconsejada tenga ciertos conocimientos sobre lo que se pretende aconsejar. Así, es importante no abordar los siguientes consejos sin antes reflexionar o haber leído parte de este libro.

1. Tú eres el único responsable de lo que te ocurre. Si quieres que tu situación y las cosas cambien, tendrás que ser tu el que produzca los cambios.

2. Ten siempre claro cuál es tu objetivo y qué estás dispuesto hacer para conseguirlo y qué no. Lo ético como principio básico.

3. Busca trabajar en lo que te guste, pero procura que lo que te guste sea el mayor número de cosas posibles.

4. Trata de ser positivo y optimista. Pon ilusión y buen humor en todo lo que hagas. Disfruta siempre, serás más feliz.

5. Destierra lo negativo pues solo empeorará tu estado de ánimo. No tengas miedo y mucho menos al error.

6. Trabaja las herramientas para conocerte mejor y potencia la autoestima y la autodeterminación.

7. Valora y acepta todo lo que tienes.

8. Sé constante e insiste en aquello que te interesa. Ten siempre el deseo de superación.

9. Rodéate de buenas personas (familia, amigos, compañeros…) que te hagan reír y sentir bien.

10. Busca ayuda cuando la necesites en buenos profesionales y en personas de tu confianza.

11. Únete a aquellos que tengan problemas o proyectos similares a los tuyos.

12. Demuestra siempre agradecimiento a los que colaboran con tu causa.

13. Trata de ser creativo y original. Pon un poco de imaginación en todo lo que hagas.

14. Haz todo lo posible por estudiar y formarte siempre.

15. No rechaces nunca una oportunidad ni dejes pasar una ocasión.

16. Demuestra disposición y que no te asusta el trabajo. No rechaces ninguno aunque pienses o te digan que es inferior a tu categoría o posibilidades.

17. Planifica y organízate. Escribe lo relacionado con la búsqueda de empleo en un "cuaderno de trabajo".

18. Si no consigues llegar donde deseas, no te empeñes, cambia la dirección para alcanzar ese destino.

19. Se flexible, no seas "cuadriculado". Cambia sin miedo los planes, sobre todo cuando hay perspectivas de ver y hacer cosas nuevas.

20. Los esfuerzos deben ser proporcionales a las posibilidades reales de encontrar trabajo.

21. Si no tienes otra cosa, acepta el trabajo que te ofrezcan y no cambies hasta que consigas uno mejor o uno que se ajuste más a tus gustos.

22. Sé honrado y cumple con lo que te comprometes, contigo mismo y con los demás.

23. Sea cual sea tu situación, colabora de alguna manera con personas necesitadas.

24. Amplía tus horizontes en todos los ámbitos de tu vida.

25. Nunca pierdas la esperanza. Piensa y admite que todo es posible.

> *"El mundo entero se aparta cuando ve pasar a un hombre que sabe adónde va."* Antoine de Saint-Exupery (1900-1944) Escritor francés.

GLOSARIO

Asistencia sanitaria: prestación destinada a conservar o restablecer la salud al que todo trabajador tiene derecho.

Calendario laboral: programa temporal que fija los días de trabajo y los que no, según la normativa vigente y lo pactado.

Coaching: técnica para preparar a las personas a enfrentarse con su entorno y a los cambios, a través de la autorreflexión y por medio de su potencial para alcanzar su plenitud personal.

Competencia profesional: capacidades, habilidades y destrezas, actitudes y conocimientos, necesarios para poder realizar un trabajo con eficacia y calidad.

Concurso: procedimiento de selección de personal donde se valora la competencia, aptitud e idoneidad de los candidatos mediante un baremo conocido.

Contrato laboral: acuerdo entre empleado y empleador, escrito y firmado por ambas partes, por el que el primero trabaja para el segundo por un sueldo.

Convenio colectivo: acuerdo al que llegan los representantes de trabajadores y los empresarios donde se fijan las condiciones de trabajo y la productividad.

Derecho laboral: principios y normas jurídicas que regulan las relaciones entre empleadores y empleados, las asociaciones sindicales y el Estado.

Desempleo: paro (sin trabajo) forzoso.

Desocupación: en América, desempleo.

Día laborable: jornada en la que hay relación laboral.

Día natural: todos los días del calendario.

Empleabilidad: conjunto de aptitudes y de actitudes que facilita a las personas acceder al mercado laboral, mantenerse en él o reubicarse, en caso de pérdida.

Empleo: ocupación, oficio.

Empresa de Trabajo Temporal (ETT): empresa que pone a disposición de otra empresa usuaria, temporalmente, trabajadores que ella contrata.

Estatuto de los trabajadores: norma legal básica que regula las relaciones laborales de los trabajadores.

Familia profesional: conjunto de cualificaciones con afinidad de competencias profesionales y un tronco común de conocimientos, destrezas y habilidades.

Headhunters: los llamados "cazadores de talentos", son a los que las empresas recurren para conseguir empleados de posiciones medias, altas y directivas.

Jornada laboral: tiempo que cada trabajador debe realizar en la actividad para la que fue contratado. Se suele computar en horas semanales.

Jubilación: acción de jubilarse. Pensión de un jubilado.

Jubilar: cesar en un trabajo por vejez, años de servicio o imposibilidad, generalmente con derecho a pensión.

Marketing: herramientas destinadas a satisfacer a jefes, empleados y clientes y a dar rentabilidad a una empresa (dueños o accionistas).

Mentoring: técnica de aprendizaje donde un mentor guía a los alumnos en el mundo laboral a través de sus propias experiencias laborales.

Mercado de trabajo o *mercado laboral*: donde confluye la oferta y la demanda de trabajo.

Ocupabilidad: conjunto de recursos (conocimientos, destrezas y actitudes) que permiten desarrollar adecuadamente un puesto de trabajo.

Oferta de empleo: oportunidad de empleo

Oferta de empleo público: oportunidad de empleo ofertada por alguna Administración pública.

Orientación académica y profesional: intervención psicopedagógica que busca potenciar las posibilidades académicas, profesionales y personales, de cada individuo según sus capacidades y competencias y su proyecto de vida.

Paro: situación del individuo privado de trabajo.

Perfil profesional: conocimientos, habilidades y destrezas, actitudes y valores que tiene una persona para realizar una profesión acorde con su contexto.

Persona física: cualquier individuo.

Persona jurídica: entidad con derechos y obligaciones, como corporaciones, asociaciones, ONGs o sociedades.

Pleno empleo: situación en al que la demanda de trabajo es igual a la oferta.

Población activa: personas que tienen empleo o lo buscan.

Población en edad económicamente activa o *Población en edad laboral:* personas con capacidad legal para trabajar según la legislación vigente.

Población inactiva: conjunto de personas que no tienen condiciones para trabajar.

Población ocupada: población activa que trabaja y obtiene remuneración por su servicio.

Precariedad laboral: pésimas condiciones laborales y salarios muy bajos producto de factores diversos.

Profesionalidad: cualidad de las personas que ejercen su profesión adecuadamente, con gran capacidad y honestidad.

Salario mínimo interprofesional: retribución mínima de los trabajadores, según la normativa legal.

Sueldo: remuneración por el ejercicio de una profesión.

Tasa de desempleo: número de parados. Puede ser de un país, región, ciudad…

Tasa de empleo: mide la relación entre la población ocupada y la que está en edad de trabajar.

Trabajador por cuenta ajena: persona que trabaja para otros, empleado.

Trabajador por cuenta propia o *autónomo:* el que realiza personal y directamente un trabajo como actividad lucrativa.

BIBLIOGRAFÍA

Aizpuru, M. y Rivera, A. (1994). *Manual de historia social del trabajo.* Siglo XXI. Madrid.

Caballero, M. A. (2005). *Claves de la orientación profesional: estructura, planificación, diagnostico e intervención.* CCS. Madrid.

Cobalchini, E. y Marín, A. (1998). *Cómo redactar un currículum vitae eficaz: sepa valorarse para conseguir el puesto que le interesa.* Círculo de Lectores. Barcelona.

Goleman, D. (2009). *La práctica de la inteligencia emocional.* Kairós. Barcelona.

Guerrero, A. y Palacios, M.A. (1994). *Estoy en paro; cómo buscar trabajo o crearlo.* Inst. de Formación y Estudios Sociales.

Le Bras, F. (1999). *Cómo buscar empleo y conseguirlo.* Salvat. Barcelona.

Meda, D. (1998). *El trabajo, un valor en peligro de extinción.* Gedisa. Barcelona.

O´Higgins, N. (2001). *Desempleo juvenil y política de empleo. Una perspectiva global.* Mº de Trabajo y Asuntos Sociales. Madrid.

Pérez Fernández, J. A. (2002). *Diccionario del paro y otras miserias de la globalización.* Debate. Barcelona.

Rivas, F. (2007) *Sistema de Autoayuda y Asesoramiento Vocacional. Libro de Autoayuda del Estudiante.* EOS. Madrid.

Rovira, A. (2006). *Los siete poderes.* Empresa Activa. Barcelona.

Salazar, D. (2003). *Cómo buscar y encontrar trabajo con éxito.* El Arca de Papel Editores. A Coruña.

Sampedro, J. L. (2002). *El mercado y la globalización.* Barcelona. Destino.

Sánchez-Alarcos, J. (2011). *Buscar trabajo por Internet: plan de acción en 30 días.* Global Marketing Strategies. Madrid.

Varios (2003). *¿Y mañana qué?: qué empleo buscar y como conseguirlo.* Training Park. Madrid.

TÍTULOS DE LA COLECCIÓN